D' Eugene Delacroix au New-Impressionnisme

Paul Signac

BIBLIOLIFE

PAUL SIGNAC

d'Eugène Delacroix

au

Néo-Impressionnisme

TROISIÈME ÉDITION

PARIS

H. FLOURY, LIBRAIRE-EDITEUR

1, BOULEVARD DES CAPUCINES, 1

1921

TABLE DES MATIÈRES

La couverture de ce volume a été dessinée

PAR

M. THÉO VAN RYSSELBERGHE

MATHA, IMPRIMERIE R. LUCAS

NOTE PRÉLIMINAIRE

1. Les peintres néo-impressionnistes sont ceux qui ont instauré et, depuis 1886, développé la technique dite de la *division* en employant comme mode d'expression le mélange optique des tons et des teintes.

Ces peintres, respectueux des lois permanentes de l'art, le rythme, la mesure, le contraste, ont été amenés à cette technique par leur désir d'atteindre un maximum de luminosité, de coloration et d'harmonie qu'il ne leur semble possible d'obtenir par aucun autre mode d'expression.

Ils ont, comme tous les novateurs, étonné et excité le public et la critique qui leur ont reproché d'user d'une technique hétéroclite sous laquelle disparaîtrait le talent qu'ils pourraient avoir.

Nous tenterons ici, non de défendre le mérite de ces peintres, mais de démontrer que leur méthode si décriée est traditionnelle et normale ; qu'elle est entièrement pressentie et presque formulée par Eugène Delacroix, et qu'elle devait fatalement succéder à celle des impressionnistes.

Est-il utile d'affirmer qu'il n'entre point dans notre idée de les comparer à leurs illustres devanciers ? Nous voudrions, seulement, prouver qu'ils ont le droit de se réclamer de l'enseignement de ces maîtres et qu'ils se maillent à la chaîne des champions de la couleur et de la lumière.

2. Il pourrait paraître superflu d'exposer une technique picturale. Les peintres devraient être jugés uniquement sur leurs œuvres, et non d'après leurs théories. Mais ce qu'on attaque particulièrement chez les néo-impressionnistes, c'est leur technique : on paraît regretter de les voir s'égarer dans des recherches vaines ; ils sont, par beaucoup, condamnés d'avance, sur leur facture, sans examen sérieux de leurs toiles ; pour eux, on s'arrête au *moyen* sans vouloir constater les bénéfices du *résultat*. Il nous semble donc licite de venir défendre leur mode d'expression et de le montrer logique et fécond.

Il nous sera ensuite permis d'espérer qu'on voudra bien examiner leurs œuvres sans parti pris, car si une technique, reconnue valable, ne donne pas de talent à ceux qui l'emploient, pourquoi en retirait-elle à ceux qui trouvent en elle le meilleur moyen d'exprimer ce qu'ils sentent et ce qu'ils veulent ?

3. Il nous sera bien facile de démontrer aussi que les

reproches et les critiques adressés aux néo-impressionnistes
sont également dans la tradition et qu'ils ont été supportés
par leurs précurseurs, comme par tous les artistes d'ailleurs
qui apportèrent un mode d'expression non coutumier [1].

---

(1) Note de 1921

Dans cette nouvelle édition, aucun changement n'a été fait au texte
original publié en 1899 par la « Revue Blanche ».

Seule la dédicace a été modifiée. Le nom du cher HENRI-EDMOND CROSS
a été inscrit à côte de celui de GEORGES SEURAT et le vœu « pour la couleur » qui nous a semblé d'actualité, ajouté.

I

DOCUMENTS

La Division ; elle est pressentie par Delacroix. — Analogie de sa technique et de celle des néo-impressionnistes. — Citations de Delacroix, de Baudelaire, de Charles Blanc, d'Ernest Chesneau, de Théophile Silvestre, d'Eugène Véron. — Aux recherches similaires, accueil identique : quelques critiques.

1. Croire que les néo-impressionnistes sont des peintres qui couvrent leurs toiles de *petits points* multicolores est une erreur assez répandue. Nous démontrerons plus tard, mais affirmons-le dès maintenant, que ce médiocre procédé du *point* n'a rien de commun avec l'esthétique des peintres que nous défendons ici, ni avec la technique de la *division* qu'ils emploient.

Le néo-impressionniste ne *pointille* pas, mais *divise*.

Or, *diviser* c'est :

S'assurer tous les bénéfices de la luminosité, de la coloration et de l'harmonie, par :

1° *Le mélange optique de pigments uniquement purs (toutes les teintes du prisme et tous leurs tons)* [1] *;*

1. Les mots *ton* et *teinte* etant généralement employés l'un pour

2° *La séparation des divers éléments (couleur locale, couleur d'éclairage, leurs réactions, etc...)* ;

3° *L'équilibre de ces éléments et leur proportion (selon les lois du contraste, de la dégradation et de l'irradiation)* ;

4° *Le choix d'une touche proportionnée à la dimension du tableau.*

La méthode formulee en ces quatre paragraphes régira donc la couleur pour les néo-impressionnistes, dont la plupart appliqueront en outre les lois plus mystérieuses qui disciplinent les lignes et les directions, et en assurent l'harmonie et la belle ordonnance.

Ainsi renseigné sur la ligne et sur la couleur, le peintre déterminera à coup sûr la composition linéaire et chromatique de son tableau, dont les dominantes de direction, de ton et de teinte seront appropriées au sujet qu'il veut traiter.

2. Avant d'aller plus loin, invoquons l'autorité du génie haut et clair d'Eugène Delacroix : les règles de couleur, de ligne et de composition que nous venons d'énoncer et qui résument la *division,* ont été promulguées par le grand peintre.

Nous allons reprendre une à une toutes les parties de

l'autre, précisons que nous entendons par *teinte* la qualité d'une couleur, et par *ton* le degre de saturation ou de luminosité d'une teinte. La dégradation d'une couleur vers une autre creera une série de *teintes* intermédiaires, et le dégradé d'une de ces *teintes* vers le clair ou le fonce passera par une succession de *tons.*

l'esthétique et de la technique des néo-impressionnistes, puis en les comparant aux lignes écrites sur les mêmes questions par Eugène Delacroix dans ses lettres, ses articles et dans les trois volumes de son journal *(Journal d'Eugène Delacroix,* publié par MM. Paul Flat et René Piot, — Plon et Nourrit, éditeurs), nous montrerons que ces peintres ne font que suivre l'enseignement du maître et continuer ses recherches.

3. Le but de la technique des néo-impressionnistes est d'obtenir, nous l'avons dit, un maximum de couleur et de lumière. Or, ce but n'est-il pas clairement indiqué par ce beau cri d'Eugène Delacroix :

« L'ennemi de toute peinture est le gris ! »

Pour arriver à cet éclat lumineux et coloré, les néo-impressionnistes n'usent que de couleurs pures se rapprochant, autant que la matière peut se rapprocher de la lumiere, des couleurs du prisme. Et n'est-ce pas là encore obéir au conseil de celui qui écrit :

« Bannir toutes couleurs terreuses »

De ces couleurs pures, ils respecteront toujours la pureté, se gardant bien de les souiller en les mélangeant sur la palette (sauf évidemment avec du blanc et entre voisines, pour toutes les teintes du prisme et tous leurs tons) ; ils les juxtaposeront en touches nettes et de petite dimension, et, par le jeu du mélange optique, obtiendront la résultante cherchée, avec cet avantage que, tandis que tout mélange pigmentaire tend, non seulement à s'obscurcir, mais aussi à se décolorer, tout mélange optique tend vers la clarté et l'éclat. Delacroix se doutait bien des prérogatives de cette méthode :

« Teintes, de vert et de violet mis crûment, çà et là, dans le clair, sans les mêler. »

« Vert et violet : ces tons il est indispensable de les passer l'un après l'autre ; et non pas les mêler sur la palette. »

Et, en effet, ce vert, ce violet, couleurs presque complémentaires, mélangés pigmentairement eussent donné une teinte terne et sale, un de ces gris *ennemis de toute peinture*, tandis que, juxtaposés, ils reconstitueront optiquement un gris fin et nacré.

Le traitement que Delacroix imposait au vert et au violet, les néo-impressionnistes n'ont fait que le généraliser logiquement et l'appliquer aux autres couleurs.

Prévenus par les recherches du maître, renseignés par les travaux de Chevreul, ils ont instauré ce mode unique et certain d'obtenir à la fois lumière et couleur :

Remplacer tout mélange pigmentaire de teintes ennemies par leur mélange optique.

4. Toute teinte plate leur paraissant veule et éteinte, ils s'efforcent de faire chatoyer la moindre partie de leurs

toiles par le mélange optique de touches de couleurs juxtaposées et dégradées.

Or, Delacroix a énoncé nettement le principe et les avantages de cette méthode :

« Il est bon que les touches ne soient pas matériellement fondues. Elles se fondent naturellement à une distance voulue par la loi sympathique qui les a associées. La couleur obtient ainsi plus d'énergie et de fraîcheur. »

Et plus loin :

« Constable dit que la supériorité du vert de ses prairies tient à ce qu'il est composé d'une multitude de verts différents Ce qui donne le défaut d'intensité et de vie à la verdure du commun des paysagistes, c'est qu'ils la font ordinairement d'une teinte uniforme Ce qu'il dit ici du vert des prairies peut s'appliquer à tous les tons. »

Cette dernière phrase prouve nettement que la décomposition des teintes en touches dégradées, cette partie si importante de la _division_, a été pressentie par le grand peintre que sa passion de couleur devait fatalement amener à constater les bénéfices du mélange optique.

Mais, pour assurer le mélange optique, les néo-impressionnistes ont été forcés d'user de touches de petite dimension, afin que les divers éléments puissent, au recul nécessaire, reconstituer la teinte voulue et non être perçus isolément.

Delacroix avait songé a employer ces touches réduites et se doutait des ressources que cette facture pouvait lui procurer, puisqu'il écrit ces deux notes ·

« Hier, en travaillant l'enfant qui est près de la femme de gauche dans l'Orphée, je me souvins de ces petites touches multipliées faites avec le pinceau et comme dans une miniature, dans la Vierge de Raphael que j'ai vue rue Grange-Batelière. »

« Tâcher de voir au Musée les grandes gouaches de Corrège Je crois qu'elles sont faites à très petites touches »

5. Pour le néo-impressionniste, les divers éléments qui doivent reconstituer la teinte par leur mélange optique seront distincts les uns des autres : la lumière et la couleur locale seront nettement séparées, et le peintre fera dominer tantôt l'une, tantôt l'autre, à son gré.

Ce principe de la séparation des éléments ne se retrouve-t-il point dans ces lignes de Delacroix

« Simplicité des localités et largeur de lumière. »

« Il faut concilier la couleur «couleur» et la lumière «lumière» »

L'équilibre de ces éléments séparés et leur proportion ne sont-ils pas nettement indiqués :

« Faire trop dominer la lumière et la largeur des plans conduit à l'absence de demi-teintes et par conséquent à la décoloration ; l'abus contraire nuit surtout dans les grandes compositions destinées à être vues de loin. Véronèse l'emporte sur Rubens par la simplicité des localités et la largeur de la lumière. »

« Pour ne point paraître décolorée avec une lumière aussi large, il faut que la teinte locale de Véronèse soit très montée de ton. »

6. Le contraste de ton et de teinte que, seuls des peintres

contemporains, les néo-impressionnistes observent, n'est-
il pas défini et imposé par le maître :

« Ma palette brillante du contraste des couleurs. »

« Loi générale : plus d'opposition, plus d'éclat. »

« La satisfaction que donnent, dans le spectacle des choses, la
beauté, la proportion, le contraste, l'harmonie de la couleur. »

« Bien que ce soit contre la loi qui veut les luisants froids, en les
mettant jaunes sur des tons de chairs violets, le contraste fait que
l'effet est produit. »

« Quand, sur le bord d'un plan que vous avez bien établi, vous
avez un peu plus de clair qu'au centre, vous prononcez d'autant plus
son méplat ou sa saillie.. on aura beau mettre du noir, on n'aura
pas de modelé. »

Cette note d'un des carnets du voyage au Maroc montre
quelle importance Delacroix attachait aux lois du contraste
et des couleurs complémentaires qu'il savait être des
sources inépuisables d'harmonie et de puissance :

« Des trois couleurs primitives se forment les trois binaires Si au
ton binaire vous ajoutez le ton primitif qui lui est opposé, vous
l'annihilez, c'est-à-dire vous en produisez la demi-teinte nécessaire.
Ainsi, ajouter du noir n'est pas ajouter de la demi-teinte, c'est salir
le ton dont la demi-teinte véritable se trouve dans le ton opposé que
nous avons dit. De là, les ombres vertes dans le rouge. La tête des
deux petits paysans. Celui qui était jaune avait des ombres violettes ;
celui qui était le plus sanguin et le plus rouge, des ombres vertes »

7. D'après la technique néo-impressionniste, la lumière,
jaune, orangée ou rouge, selon l'heure et l'effet vient s'ajouter à la teinte locale, la réchauffer ou la dorer dans ses
parties les plus éclairées. L'ombre, fidèle complémentaire

de son régulateur la lumière, est violette, bleue ou vert bleuâtre et ces éléments viennent modifier et refroidir les parties sombres de la couleur locale. Ces ombres froides et ces lumières chaudes, dont les luttes et les jeux, entre elles et avec la couleur locale, constituent le contour et le modelé, se répandent, immiscées ou contrastées, sur toute la surface du tableau, l'illuminant ici, l'éteignant là, en place et proportion déterminées par le clair-obscur.

Or, ces lumières jaunes ou orangées, ces ombres bleues ou violettes, qui ont excité tant d'hilarité, les voici prescrites, et catégoriquement, par Delacroix ·

« Dans Véronèse, le linge froid dans l'ombre, chaud dans le clair »
« Tons dorés et rouges des arbres, ombres bleues et lumineuses »
« Les tons de chrome du côté du clair et les ombres bleues. »
« A Saint-Denis du Saint-Sacrement j'ai dû peindre les lumières avec du jaune de chrome pur et les demi-teintes avec du bleu de Prusse. »
« L'orangé mat dans les clairs, les violets les plus vifs pour le passage de l'ombre et des reflets dorés dans les ombres qui s'opposaient au sol. »
« Tout bord de l'ombre participe du violet. »

8. On a souvent reproché aux néo-impressionnistes d'exagérer les colorations, de peindre criard et bariolé.

Ils ne tiendront pas compte de ces critiques, formulées par des gens dont on peut dire avec Delacroix que :

« Le terreux et l'olive ont tellement dominé leur couleur que la nature est discordante à leurs yeux avec ses tons vifs et hardis. »

Le peintre vraiment coloriste, c'est-à-dire celui qui, comme les néo-impressionnistes, soumet la couleur aux règles de l'harmonie, n'aura jamais à craindre de paraître criard en étant trop coloré. Il laissera de plus timorés souhaiter « non la couleur, mais la nuance encor » et ne redoutera pas de rechercher l'éclat et la puissance par tous les moyens possibles. Car Delacroix l'avertit que :

« La peinture paraîtra toujours plus grise qu'elle n'est, par sa position oblique sous le jour.. »

et lui montre le triste effet d'un tableau terne et décoloré :

« Il paraîtra ce qu'il est effectivement : terreux, morne et sans vie. — Tu es terre et tu redeviens terre. »

Il ne craindra donc pas d'employer les teintes les plus éclatantes, ces teintes :

« ... que Rubens produit avec des couleurs franches et virtuelles, telles que des verts, des outremers. »

Même lorsqu'il voudra obtenir des gris, il usera de teintes pures dont le mélange optique lui donnera la résultante voulue, combien plus précieuse que celle, non grise, mais sale, obtenue par un mélange pigmentaire. Ces colorations intenses et brillantes, il les exaltera encore, lorsqu'il le jugera utile, par la dégradation et le contraste. '

S'il connaît les lois d'harmonie, qu'il ne craigne jamais de dépasser la mesure. Delacroix l'incite à colorer à outrance, le lui ordonne même :

« Il faut que la demi-teinte, c'est-à-dire tous les tons, soit outrée. »
« Il faut que tous les tons soient outrés. Rubens outré. Titien de même. Véronèse quelquefois gris, parce qu'il cherche trop la vérité... »

9. Ce moyen d'expression, le mélange optique de petites touches colorées, posées méthodiquement les unes à côté des autres, ne permet guère l'adresse ni la virtuosité ; la main aura bien peu d'importance ; seuls le cerveau et l'œil du peintre auront un rôle à jouer. En ne se laissant pas tenter par les charmes du coup de pinceau, en choisissant une facture non brillante, mais consciencieuse et précise, les néo-impressionnistes ont tenu compte de cette objurgation d'Eugène Delacroix :

« La grande affaire, c'est d'éviter cette infernale commodité de la brosse. »
« Les jeunes gens ne sont entichés que de l'adresse de la main. Il n'y a peut-être pas de plus grand empêchement à toute espèce de véritable progrès que cette manie universelle à laquelle nous avons tout sacrifié. »

Puis Delacroix revient encore sur les dangers d'une exécution trop facile :

« Le beau pinceau libre et fier de Van Loo ne mène qu'à des à-peu près : le style ne peut résulter que d'une grande recherche. »

Afin de défendre ces petites touches offusquantes à

l'excès pour ceux qui, incapables de goûter le bénéfice
harmonique du résultat, sont arrêtés par la nouveauté du
moyen, citons ces lignes de Delacroix sur *la touche*. Tout
ce qu'il dit de cette facture, dont il usait pour donner à la
couleur plus de splendeur et d'éclat, peut s'appliquer au
procédé employé, dans le même but, par les néo-impressionnistes

« Il y a dans tous les arts des moyens d'exécution adoptés et convenus, et on n'est qu'un connaisseur imparfait, quand on ne sait pas
lire dans ces indications de la pensée ; la preuve, c'est que le vul-
gaire préfere à tous les autres les tableaux les plus lisses et les moins
touchés, et les préfère à cause de cela »

« Que dirait-on des maîtres qui prononcent sèchement les contours,
tout en s'abstenant de la touche ? »

« Il n'y a pas plus de contours qu'il n'y a de touches dans la nature.
Il faut toujours en revenir aux moyens convenus dans chaque art,
qui sont le langage de cet art. »

« Beaucoup de ces peintres qui évitent la touche avec le plus grand
soin, sous prétexte qu'elle n'est pas dans la nature, exagèrent le contour qui ne s'y trouve pas davantage. »

« Beaucoup de maîtres ont évité de faire sentir la touche, pensant
sans doute se rapprocher de la nature, qui effectivement n'en présente pas. La touche est un moyen comme un autre de contribuer
à rendre la pensée dans la peinture Sans doute une peinture peut
être très belle sans montrer la touche, mais il est puéril de penser
qu'on se rapproche de l'effet de la nature en ceci ; autant vaudrait-il
faire sur son tableau de véritables reliefs colorés, sous prétexte que
les corps sont saillants. »

Au recul commandé par les dimensions du tableau,
la facture des néo-impressionnistes ne sera pas choquante :

à cette distance, les touches disparaîtront et, seuls, seront perçus les bénéfices lumineux et harmoniques qu'elles procurent.

Peut-être cette note de Delacroix engagera-t-elle quelques-uns à prendre la peine de faire les pas nécessaires pour comprendre et juger un tableau divisé :

« Tout dépend, au reste, de la distance commandée pour regarder un tableau. A une certaine distance, la touche se fond dans l'ensemble, mais elle donne à la peinture un accent que le fondu des teintes ne peut produire. »

Delacroix essaye à plusieurs reprises de persuader ceux qui, n'aimant au fond que les tableaux bien ternes et bien lisses, sont déconcertés par toute peinture vibrante et colorée, et les prévient que :

« Le temps redonne à l'ouvrage, en effaçant les touches, aussi bien les premières que les dernières, son ensemble définitif »

« Si l'on se prévaut de l'absence de touches de certains tableaux de grands maîtres, il ne faut pas oublier que le temps amortit la touche. »

10. Ne les dirait-on pas écrites par un adepte de la *division*, pour la défense de ses idées, toutes ces notes de Delacroix sur la couleur ? Et, sur combien d'autres points les néo-impressionnistes peuvent-ils encore en appeler au témoignage du maître !

Les notes répétées de celui dont ils s'efforcent de suivre les préceptes leur montrent trop clairement l'importance qu'il attachait au rôle de la ligne, pour qu'ils aient négligé d'assurer à l'harmonie de leurs couleurs le bénéfice d'un arrangement rythmique et d'un balancement mesuré .

« L'influence des lignes principales est immense dans une composition »

« Un bon arrangement de lignes et de couleurs : autant dire arabesque. »

« En tout objet, la première chose à saisir pour le rendre avec le dessin, c'est le contraste des lignes principales »

« Admirable balancement des lignes dans Raphael. »

« Une ligne toute seule n'a pas de signification ; il en faut une seconde pour lui donner de l'expression. Grande loi : une note seule — musique... »

« La composition offre à peu près la disposition d'une croix de Saint-André »

« Si, à une composition déjà intéressante par le sujet, vous ajoutez une disposition de lignes qui augmente l impression... »

« La ligne droite n'est nulle part dans la nature »

« Jamais de parallèles dans la nature, soit droites, soit courbes »

« Il y a des lignes qui sont des monstres . la droite, la serpentine régulière et surtout deux parallèles »

11. Sa composition linéaire une fois déterminée, le néo-impressionniste songera à la compléter par une combinaison de directions et de couleurs appropriées au sujet, à sa conception, dont les dominantes varieront selon qu'il veut exprimer la joie, le calme, la tristesse, ou les sensations intermédiaires.

Se préoccupant ainsi de l'effet moral des lignes et des

couleurs, il ne fera que suivre une fois de plus l'enseignement de Delacroix.

Voici ce que le maître pensait de cet élément considérable de beauté, si négligé par tant de peintres d'aujourd'hui :

« Tout cela arrangé avec l'harmonie des lignes et de la couleur »
« La couleur n'est rien si elle n'est pas convenable au sujet et si
elle n'augmente pas l'effet du tableau par l'imagination. »

« Si, à une composition intéressante par le choix du sujet, vous
ajoutez une disposition de lignes qui augmente l'impression, un clair-
obscur saisissant pour l'imagination, une couleur adaptée aux caractères, c'est l'harmonie et ses combinaisons adaptées à un chant
unique »

« Une conception, devenue composition, a besoin de se mouvoir
dans un milieu coloré qui lui soit particulier. Il y a évidemment un
ton particulier attribué à une partie quelconque du tableau qui devient
clef et qui gouverne les autres. Tout le monde sait que le jaune,
l'orangé et le rouge inspirent et représentent des idées de joie, de
richesse. »

« Je vois dans les peintres des prosateurs et des poètes La rime
les entrave, le tour indispensable aux vers et qui leur donne tant de
vigueur est l'analogie de la symétrie cachée, du balancement en même
temps savant et inspiré, qui règle les rencontres ou l'écartement des
lignes, les taches, les rappels de couleur... Seulement, il faut des
organes plus actifs et une sensibilité plus grande pour distinguer la
faute, la discordance, le faux rapport dans des lignes et des couleurs »

12. Si les néo-impressionnistes s'efforcent d'exprimer
les splendeurs de lumière et de couleur qu'offre la nature,
et puisent a cette source de toute beauté les éléments de

leurs œuvres, ils pensent que l'artiste doit choisir et disposer ces éléments, et qu'un tableau composé linéairement et chromatiquement sera d'une ordonnance supérieure à celle qu'offrira le hasard d'une copie directe de la nature.

Pour la défense de ce principe ils citeraient ces lignes de Delacroix :

« La nature n'est qu'un dictionnaire, on y cherche des mots... on y trouve les éléments qui composent une phrase ou un récit ; mais personne n'a jamais considéré le dictionnaire comme une composition dans le sens poétique du mot »

« D'ailleurs la nature est loin d'être toujours intéressante au point de vue de l'effet de l'ensemble . Si chaque détail offre une perfection, la réunion de ces détails présente rarement un effet équivalent à celui qui résulte, dans l'ouvrage d'un grand artiste, de l'ensemble et de la composition »

13. Un grand reproche qu'on leur fait, c'est d'être trop savants pour des artistes. Or, nous verrons qu'il s'agit tout simplement de quatre ou cinq préceptes énoncés par Chevreul et que devrait connaître tout élève des écoles primaires. Mais montrons, des à présent, que Delacroix réclamait pour l'artiste le droit de n'être pas ignorant des lois de la couleur.

« L'art du coloriste tient évidemment par certains côtés aux mathématiques et à la musique. »

« De la nécessité pour l'artiste d'être savant. Comment cette science peut s'acquérir indépendamment de la pratique ordinaire. »

14. Il est curieux de noter que, même dans les plus

petits détails de leur technique, les néo-impressionnistes mettent en pratique les conseils de Delacroix.

Ils ne peignent que sur des subjectiles d'une préparation blanche, dont la lumière traversera les touches de couleur en leur communiquant plus d'éclat et en même temps plus de fraîcheur.

Or, Delacroix note l'excellent résultat de ce procédé :

« Ce qui donne tant de finesse et d'éclat à la peinture sur papier blanc, c'est sans doute cette transparence qui tient à la nature essentiellement blanche du papier. Il est probable que les premiers Vénitiens peignaient sur des fonds très blancs. »

Les néo-impressionnistes ont répudié le cadre doré, dont le brillant criard modifie ou détruit l'accord du tableau. Ils usent généralement de cadres blancs, qui offrent un excellent passage entre la peinture et le fond, et qui exaltent la saturation des teintes sans en troubler l'harmonie.

Amusons-nous à signaler en passant, qu'un tableau bordé d'un de ces cadres blancs, discrets et logiques, les seuls qui puissent, hormis le cadre contrasté, ne pas nuire à une peinture lumineuse et colorée, est d'emblée et sans examen, pour ce simple motif, exclu des Salons officiels ou pseudo-officiels.

Delacroix, en parfait harmoniste qui redoute d'introduire dans sa combinaison un élément étranger et peut-être discordant, pressentait les avantages du cadre blanc

puisqu'il rêvait d'en orner ses décorations de Saint-Sulpice :

« Ils (les cadres) peuvent influer en bien ou en mal sur l'effet du
tableau — l'or prodigué de nos jours — leur forme par rapport au
caractère du tableau. »
« Un cadre doré d'un caractère peu assorti à celui du monument,
prenant trop de place pour la peinture »
« Faire à Saint-Sulpice des cadres de marbre blanc autour des
tableaux. . Si on pouvait faire des cadres en stuc blanc. »

15. Nous arrêterons là ces citations. Cependant, afin
d'établir que nous n'avons point torturé les textes, nous
reproduirons ces fragments des principaux critiques qui
ont étudié Delacroix. Tous signalent sa constante préoccupation de s'assurer une technique savante et sûre, basée
sur le contraste et le mélange optique, et reconnaissant la
logique et l'excellence de cette méthode, en tant de points
semblable à celle, si critiquée, de la *division*.

De Charles Baudelaire

« C'est à cette préoccupation incessante qu'il faut attribuer ses
recherches perpétuelles relatives à la couleur. »
« Cela ressemble à un bouquet de fleurs savamment assorties. »
(L'Art Romantique.)
« Cette couleur est d'une science incomparable · la couleur, loin
de perdre son originalité cruelle dans cette science nouvelle et plus
complète, est toujours sanguinaire et terrible. Cette pondération du
vert et du rouge plaît à notre âme
« On trouve dans la couleur l'harmonie, la mélodie et le contre-
point » *(Curiosités esthétiques)*

De Charles Blanc *(Grammaire des arts du dessin)*.

« La couleur, soumise à des règles sûres, se peut enseigner comme
la musique... C'est pour avoir connu ces lois, pour les avoir étudiées
à fond, après les avoir par intuition devinées, qu'Eugène Delacroix
a été un des plus grands coloristes des temps modernes

« La loi des complémentaires une fois connue, avec quelle sûreté
va procéder le peintre, soit qu'il veuille pousser à l'éclat des couleurs,
soit qu'il veuille tempérer son harmonie Instruit de cette loi par
l'intuition ou l'étude, Eugène Delacroix n'avait garde d'étendre sur
sa toile un ton uniforme

« La hardiesse qu'avait eu Delacroix de sabrer brutalement le torse
nu de cette figure avec des hachures d'un vert décidé... »

D'Ernest Chesneau *(Introduction à l'œuvre complet
d'Eugène Delacroix)* :

« Il avait surpris un des secrets que l'on n'enseigne pas dans les
écoles et que trop de professeurs ignorent eux-mêmes : c'est que, dans
la nature, une teinte qui semble uniforme est formée de la réunion
d'une foule de teintes diverses, perceptibles seulement pour l'œil qui
sait voir. »

Théophile Silvestre, qui a passé de longues heures dans
l'atelier de Delacroix, nous révèle *(les Artistes français)*
ces détails précis sur le mode de travail raisonné et savant
auquel le maître, malgré sa fièvre et son impatience, con-
sentait à asservir sa fougueuse inspiration :

« Il était arrivé d'expérience en expérience à un système absolu de
couleur que nous allons essayer en abrégé de faire comprendre. Au
lieu de simplifier, en les généralisant, les colorations locales, il mul-
tipliait les tons à l'infini et les opposait l'un à l'autre pour donner à
chacun d'eux une double intensité. Titien lui semblait monotone et

il ne se décida même que fort tard à reconnaître tout ce que le maître vénitien a de grandiose L'effet pittoresque résulte donc chez Delacroix des complications contrastées Là même où la couleur de Rubens rayonne comme un lac tranquille, celle de Delacroix étincelle comme un fleuve criblé par une giboulée

« Exemple des assortiments de tons chez Delacroix : si dans une figure le vert domine du côté de l'ombre, le rouge dominera du côté lumineux , si la partie claire de la figure est jaune, la partie de l'ombre est violette , si elle est bleue, l'orangé lui est opposé et cœtera, dans toutes les parties du tableau Pour l'application de ce système, Delacroix s'était fait une espèce de cadran en carton que l'on pourrait appeler son chronomètre. A chacun des degrés était disposé, comme autour d'une palette, un petit tas de couleur qui avait ses voisinages immédiats et ses oppositions diamétrales.

« Pour vous rendre absolument compte de cette combinaison, regardez le cadran de votre pendule et supposez ceci : midi représente le rouge ; six heures le vert ; une heure l'orangé , sept heures le bleu , deux heures le jaune , huit heures le violet Les tons intermédiaires étaient subdivisés de proche en proche comme les demi-heure, les quarts d'heure, les minutes, etc...

« ... Ce savoir presque mathématique, au lieu de refroidir les œuvres, en augmente la justesse et la solidité »

D'Eugène Véron *(Eugène Delacroix)* :

« Jusqu'au dernier jour de sa vie, il a étudié les lois des couleurs complémentaires, leurs modifications par la lumière et les effets du contraste des tons.

« Delacroix faisait un fréquent emploi de ce mélange optique par lequel il donne la sensation d'une couleur qui n'a jamais été sur sa palette. Il est arrivé sur ce point à une sûreté extraordinaire, parce que chez lui la science et la conscience s'ajoutaient au don de nature.

« On peut remarquer que celles de ses œuvres dont le coloris est le mieux admiré, sont celles où les contrastes sont hardiment accusés à coups de pinceau et rendus directement visibles

« Pour lui la composition, c'est disposer les rapports de ligne et de couleur de façon à mettre en saillie la signification esthétique du sujet. »

16. Les injures et les plaisanteries suscitées par les tableaux divisés sont conformes à celles adressées autrefois aux œuvres de Delacroix. Cette similitude d'accueil n'implique-t-elle pas une similitude de recherches ?

Comme les néo-impressionnistes, Delacroix fut traité de *fou*, de *sauvage*, de *charlatan*, et, de même que les puissantes colorations de ses figures lui ont valu d'être appelé *peintre de- la Morgue, de pestiférés, de choléra morbus*, de même la facture divisée a suscité de trop plaisantes allusions à la petite vérole et aux confetti.

Ce genre d'esprit ne varie guère. Ne les dirait-on pas écrits d'aujourd'hui et au sujet des tableaux néo-impressionnistes, ces comptes rendus des diverses expositions du maître ?

Salon de 1822 *(Dante et Virgile)* :

« Ce tableau n'en est pas un, c'est une vraie tartouillade.

E. DELÉCLUZE. *(Moniteur Universel.)*

« Vu d'assez loin pour que la touche n'en soit pas apparente, ce tableau produit un effet remarquable. Vu de près, la touche en est si hachée, si incohérente, quoique exempte de timidité, qu'on ne saurait se persuader qu'au point où le talent d'exécution est parvenu dans notre école, aucun artiste ait pu adopter cette singulière façon d'opérer.

C.-P. LANDON.
(Annales du Musée de l'École moderne des Beaux-Arts.)

Salon de 1827 *(Mort de Sardanapale)* :

« C'est plutôt la bonne volonté que le talent qui manque à M. Delacroix ; il ne compte comme progrès que ceux qu'il fait dans le mau-
vais goût de l'extravagance.

D.
(Observateur des Beaux-Arts.)

« MM. Delacroix, Scheffer, Champmartin, coryphées de l'école nouvelle, n'ont obtenu aucune récompense, mais pour les en dédom-
mager, on leur accor·lora chaque jour deux heures de séance à la
Morgue. Il faut encourager les jeunes talents. »

(Observateur des Beaux-Arts.)

« De loin, effet à la manière des décorations. De près, barbouillage informe »

(Journal des Artistes et des Amateurs, 1829.)

Sur la *Pieta* (Eglise Saint-Denis du Saint-Sacrement) :

« Agenouillez-vous donc devant toutes ces figures repoussantes,
devant cette Madeleine aux yeux avinés, devant cette vierge crucifiée,
inanimée, plâtrée et défigurée ; devant ce corps hideux, putréfié,
affreux, qu'on ose nous présenter comme l'image du fils de Dieu !
« Il joue à la Morgue, aux pestiférés, au choléra morbus. C'est là
son passe-temps, son amusement. »

(Journal des Artistes, 20 octobre 1844.)

Si une municipalité avait l'audace de confier la décoration d'une de ses murailles à un néo-impressionniste ne
lirait-on pas dans les feuilles, immédiatement, des protes-
tations de ce genre :

« Et c'est un peintre aussi insoucieux de sa gloire, aussi peu sûr
de son œuvre, que l'on choisit sur de telles ébauches, sur de

simples indications de pensées, pour décorer une salle entière dans le palais de la Chambre des Députés ! C'est à un tel peintre que l'on confie une des plus grandes commandes en peinture monumentale qui aient eu lieu de nos jours ! En vérité la responsabilité est plus qu'engagée : elle pourrait bien être compromise ! »

(*Le Constitutionnel*, 11 avril 1844.)

« Nous ne disons pas : cet homme est un charlatan ; mais nous disons : cet homme est l'équivalent d'un charlatan !

« Nous n'accuserons pas la direction des Beaux-Arts de la Ville du choix qu'elle a fait de M. Delacroix, en lui confiant une tâche si grave : nous connaissons trop les idées saines et élevées qui président généralement à ses délibérations, pour n'être pas convaincus que cette direction a eu dans cette affaire la main forcée. Mais, nous accusons les hommes placés dans les conseils ou dans nos assemblées législatives, intriguant ou sollicitant en faveur de gens qui doivent leur réputation non pas au talent, à la science, au savoir, mais aux coteries, mais aux camaraderies, à l'audace ! »

(*Journal des Artistes*, 1844.)

« N'est-il pas à craindre qu'un jour, en voyant les plafonds ne nos palais et de nos musées couverts de ces enluminures informes, nos descendants ne soient saisis de l'étonnement que nous éprouvons nous-mêmes quand nous voyons nos ancêtres placer parmi les chefs-d'œuvre de la poésie la *Pucelle* de Chapelain. »

ALFRED NETTEMENT. (*Poètes et artistes contemporains*, 1862.)

II

APPORT DE DELACROIX

L'évolution coloriste — Delacroix influencé par Constable, Turner ; guidé par la tradition orientale et la science — Du « Dante et Virgile » aux décorations de Saint-Sulpice. — Bénéfices de sa méthode scientifique. — Exemples. — Sa conquête progressive de la lumière et de la couleur — Ce qu'il a fait, ce qu'il laissait à faire.

1. Delacroix connaissait donc une grande partie des avantages qu'assure au coloriste l'emploi du mélange optique et du contraste. Il pressentait même les bénéfices d'une technique, plus méthodique et plus précise que la sienne, permettant de donner encore plus de clarté à la lumière et plus d'éclat à la couleur.

A étudier les peintres qui, en ce siècle, furent les représentants de la tradition coloriste, on les voit, de génération en génération, éclaircir leur palette, obtenir plus de lumière et de couleur. Delacroix s'aidera des études et des recherches de Constable et de Turner ; puis Jongkind et les impressionnistes profiteront de l'apport du maître romantique ; enfin la technique impressionniste évoluera vers le mode d'expression du néo-impressionnisme : LA DIVISION.

2. A peine sorti de l'atelier Guérin, en 1818, Delacroix
sent combien est insuffisante la palette surchargée de
couleurs sombres et terreuses — dont il avait usé jusqu'alors. Pour peindre le *Massacre de Scio* (1824), il ose
bannir des ocres et des terres inutiles et les remplacer par
ces belles couleurs, intenses et pures : bleu de cobalt,
vert émeraude et laque de garance. Malgré cette audace,
il se sentira bientôt de nouveau dépourvu. C'est en vain
qu'il disposera sur sa palette une quantité de demi-tons
et de demi-teintes, préparés soigneusement d'avance.
Il éprouve encore le besoin de nouvelles ressources, et,
pour sa décoration du Salon de la Paix, il enrichit sa
palette (qui, selon Baudelaire, ressemblait à un bouquet
de fleurs, savamment assorties ») de la sonorité d'un
cadmium, de l'acuité d'un jaune de zinc et de l'énergie d'un
vermillon, les plus intenses couleurs dont dispose un
peintre.

En rehaussant de ces couleurs puissantes, le jaune,
l'orangé, le rouge, le pourpre, le bleu, le vert et le jaune-
vert, la monotonie des nombreuses mais ternes couleurs
en usage avant son intervention, il aura créé la palette
romantique, à la fois sourde et tumultueuse.

Il convient de remarquer que ces couleurs, pures et
franches, sont précisément celles qui composeront plus
tard, à l'exclusion de toute autre, la palette simplifiée des
impressionnistes et des néo-impressionnistes.

3. Perpétuellement tourmenté du désir d'obtenir plus
d'éclat et de luminosité, Delacroix ne se contentera pas
d'avoir ainsi amélioré son instrument, il s'efforcera de
perfectionner aussi la façon de s'en servir.

S'il surprend dans la nature une combinaison harmonieuse, si le hasard d'un mélange le met en face d'une
belle teinte, vite, il les note sur un de ses nombreux
carnets.

Il va dans les musées étudier le coloris de Titien, de
Véronèse, de Velasquez, de Rubens. En la comparant à
celle de ces maîtres, sa couleur lui semble toujours trop
éteinte et trop sombre. Il fait de nombreuses copies de
leurs œuvres, pour mieux surprendre les secrets de leur
puissance. Il glane parmi leurs richesses et adapte à son
profit tous les résultats de ses études sans rien sacrifier
de sa personnalité.

4. Si la couleur du *Massacre de Scio* est déjà beaucoup
plus somptueuse que celle du *Dante et Virgile*, c'est à
l'influence du maître anglais Constable qu'est dû ce
progrès.

En 1824, Delacroix achevait la *Scène du Massacre de
Scio,* qu'il destinait au Salon, lorsque, quelques jours
avant l'ouverture, il put voir des tableaux de Constable,
qu'un amateur français venait d'acquérir et qui devaient
figurer à cette exposition. Il fut frappé de leur coloration
et de leur luminosité qui lui semblèrent tenir du pro-

dige. Il étudia leur facture et vit qu'au lieu d'être peints
à teintes plates, ils étaient composés d'une quantité de
petites touches juxtaposées, se reconstituant, à une certaine distance, en teintes d'une intensité bien supérieure
à celle de ses propres tableaux. Ce fut pour Delacroix
une révélation : en quelques jours il repeignit complètement sa toile, martelant la couleur, qu'il avait étalée
à plat jusqu'alors, de touches non fondues, et la faisant
vibrer à l'aide de glacis transparents. Aussitôt il vit sa
toile s'unifier, s'aérer, s'illuminer, gagner en puissance
et aussi en vérité.

« Il avait surpris, dit E. Chesneau, un des grands secrets de la
puissance de Constable, secret qui ne s'enseigne pas dans les écoles
et que trop de professeurs ignorent eux-mêmes : c'est que, dans la
nature, une teinte qui semble uniforme est formée de la réunion d'une
foule de teintes diverses perceptibles seulement pour l'œil qui sait
voir. Cette leçon, Delacroix s'en était trouvé trop bien pour l'oublier
jamais ; c'est d'elle qu'il conclut, soyez-en sûrs, à son procédé de
modelé par hachures »

Du reste, Delacroix, en génie sûr de soi, reconnaît
hautement avoir subi l'influence du maître anglais.

En 1824, à l'époque où il peignait le *Massacre de Scio*,
il écrit dans son Journal :

« Ai vu les Constable. Ce Constable me fait grand bien. »

Puis plus loin :

« Revu une esquisse de Constable . admirable chose et incroyable. »

Et en 1847, l'année où, pour la troisième fois, il retouche son *Massacre*, il écrit cette note que nous avons déjà citée, mais que nous ne craignons pas de répéter, car elle le montre préoccupé, dès cette époque, d'une des parties les plus importantes de la future technique des néo-impressionnistes : la dégradation infinie des éléments.

« Constable dit que la supériorité des verts de ses prairies tient à ce qu'il était composé d'une multitude de verts différents. Ce qui donne le défaut d'intensité et de vie à la verdure du commun des paysagistes, c'est qu'ils la font ordinairement d'une teinte uniforme. Ce qu'il dit ici du vert des prairies peut s'appliquer à tous les tons. »

Et, au déclin de sa vie, Delacroix ne renie pas l'enthousiasme de sa jeunesse.

En 1850, il écrit à Th. Silvestre :

« Constable, homme admirable, est une des gloires anglaises. Je vous en ai déjà parlé et de l'impression qu'il m'avait produite au moment où je peignais le *Massacre de Scio*. Lui et Turner sont de véritables réformateurs. Notre école qui abonde maintenant en hommes de talent dans ce genre a grandement profité de leur exemple. Géricault était revenu tout étourdi de l'un des grands paysages qu'il nous avait envoyés. »

Il est donc bien certain que c'est par Constable que Delacroix fut initié aux bénéfices de la dégradation. Il vit tout de suite les avantages considérables qu'il pouvait en tirer. Dès ce moment, il bannira toute teinte

plate et s'efforcera, par des glacis et des hachures, de faire
vibrer sa couleur.

Mais bientôt, l'initié, mieux renseigné sur les ressources que la science offre aux coloristes,, dépassera
l'initiateur.

5. En 1825, encore tout ému de cette révélation,
écœuré par la peinture insignifiante et veule des peintres
alors à la mode en France, Regnault, Girodet, Gérard,
Guérin, Lethière, tristes élèves de David, que l'on pré-
férait à Prud'hon et à Gros, Delacroix se décide à aller
à Londres, étudier les maîtres coloristes anglais dont
ses amis, les frères Fielding et Bonington, lui on fait
tant d'enthousiastes éloges. Il revient émerveillé de la
splendeur, par lui insoupçonnée, de Turner, de Wilkie,
de Lawrence, de Constable et met immédiatement à profit
leur enseignement.

A Constable, nous l'avons dit, il devra de hair la teinte
plate et de peindre par hachures ; son amour de la couleur
intense et pure sera surexcité par les tableaux de Turner,
déjà libre de toute entrave. L'inoubliable souvenir de ces
étranges et féeriques colorations l'aiguillonnera jusqu'à
son dernier jour

Théophile Silvestre *(les Artistes français)* signale
l'analogie de ces deux génies frères et leur commun
essor .

« Nous trouvions en les regardant un grand rapport, à certains

égards, entre la dernière manière de Delacroix, rose clair, argentine
et délicieuse dans le gris, et les dernières ébauches de Turner. Il n'y
a pas là pourtant la moindre imitation du maître anglais par le
maître français ; notons seulement chez ces deux grands peintres,
au déclin de la vie, des inspirations de couleurs à peu près analogues.
Ils s'élèvent de plus en plus dans la lumière, et la nature, perdant
pour eux, de jour en jour, sa réalité, devient une féerie

« Il (Turner) s'était mis en tête que les artistes les plus illustres
de toutes les écoles, sans excepter les Vénitiens, étaient restés bien
au-dessous de l'éclat pur et joyeux de la nature, d'un côté en assombrissant les ombres par convention et d'un autre côté en n'osant pas
attaquer franchement toutes les lumières que leur montrait la création dans sa virginité Aussi essaya-t-il les colorations les plus brillantes et les plus étranges.

« Delacroix, homme plus ardent encore et plus positif que Turner,
n'a pas poussé si loin l'aventure, mais, comme l'artiste anglais, il est
insensiblement monté d'une harmonie grave comme les sons du
violoncelle à une harmonie claire comme les accents du hautbois . »

6. Son voyage au Maroc (1832) lui sera plus profitable
encore que son voyage en Angleterre. Il en revint ébloui
de lumière, grisé par l'état harmonieux et puissant de la
couleur orientale

Il a étudié les colorations des tapis, des étoffes, des
faïences. Il a compris que les éléments dont il se composent, séparément intenses et presque criards, se reconstituent en teintes d'une délicatesse extrême et sont juxtaposés suivant des règles immuables qui en assurent l'harmonie Il a constaté qu'une surface colorée n'est agréable
et brillante qu'autant qu'elle n'est ni lisse ni uniforme ;
qu'une couleur n'est belle que si elle vibre d'un lustre

papillotant qui la vivifie. Bien vite, il a surpris les secrets
et les règles de la tradition orientale Cette connaissance
lui permettra de risquer plus tard les plus audacieux
assemblages de teintes, les contrastes les plus opposés,
tout en restant harmonieux et doux. Et depuis, dans son
œuvre, on retrouvera toujours un peu de cet Orient flam-
boyant, sonore et mélodieux. Ses impérissables impressions du Maroc fourniront à son chromatisme si varié les
accords les plus tendres et les plus fulgurants contrastes.

Charles Baudelaire, en sa critique impeccable, n'a
point manqué de signaler l'influence que le voyage au
Maroc eut sur la couleur de Delacroix :

« Observez que la couleur générale des tableaux de Delacroix participe aussi de la couleur propre aux paysages et intérieurs orientaux.

Ch. Baudelaire (Art Romantique.)

De retour en France, averti des travaux de Bourgeois
et de Chevreul, il constate que les préceptes de la tradition orientale sont en parfait accord avec la science
moderne. Et, lorsqu'il va au Louvre étudier Véronèse,
il s'aperçoit que le maître vénitien dont il dit : « *Tout
ce que je sais, je le tiens de lui* », avait aussi été initié
aux secrets et aux magies de la couleur orientale, proba-
blement par les Asiatiques et les Africains qui, de son
temps, apportaient à Venise les richesses de leur art et
de leur industrie.

7. Il se rend compte que la connaissance des règles précises qui régissent l'harmonie des couleurs, et dont il retrouve l'application chez les maîtres coloristes et dans la décoration orientale, lui sera d'un grand secours. Il a surpris dans la nature les jeux fugaces des complémentaires et veut connaître les lois qui les dirigent. Il se met à étudier la théorie scientifique des couleurs, les réactions des contrastes successifs et simultanés. Et, bénéfice de ces études, il objectivera sur sa toile les contrastes, et il usera du mélange optique.

8. Faisant ainsi son profit de tout, s'annexant les découvertes des uns, les procédés des autres, — et ces acquisitions, loin de diminuer son individualité, lui conféreront une vigueur croissante, — Delacroix aura à sa disposition le plus riche répertoire chromatique qu'ait jamais eu aucun peintre.

Quel chemin parcouru depuis son premier tableau, *Dante et Virgile,* dont la couleur peut nous sembler sage. et presque terne, mais qui cependant parut d'abord d'une audace révolutionnaire ! M. Thiers, un des rares critiques qui aient défendu cette toile exposée au Salon de 1822, ne peut s'empêcher de la trouver « *un peu crue* ».

Le Massacre de Scio, conçu sous l'impression des *Pestiférés de Jaffa,* de Gros, et dont la couleur bénéficie de l'influence de Constable, est un tel progrès et marque

si catégoriquement la rupture complète de Delacroix avec
toute convention officielle et toute méthode académique,
que ses défenseurs de la première heure l'abandonnent.
Gérard déclare · « *C'est un homme qui court sur les
toits* » ; M. Thiers s'effraye et blâme tant d'audace, et
Gros dit .

« Le Massacre de Scio, c'est le massacre de la peinture. »

Alors il met sa science incomparable au service de sa
fougue et de sa crânerie et_ se crée une technique toute
de méthode, de combinaison, de logique et de parti pris,
qui exalte son génie passionné au lieu de le refroidir.

9. Cette connaissance de la théorie scientifique de la
couleur lui sert d'abord à harmoniser ou à exalter par
le contraste deux teintes voisines, à régler d'heureuses
rencontres de teintes et de tons, par l'accord des semblables ou l'analogie des contraires. Puis, un progrès en
amenant un autre, cette observation continue des jeux
de la couleur le conduit à l'emploi du mélange optique
et à l'exclusion de toute teinte plate, jugée néfaste. Dès
lors, il se garde bien d'étendre sur sa toile une couleur
uniforme : il fait vibrer une teinte en y superposant des
touches d'une teinte très voisine. Exemple . un rouge
sera martelé de touches, soit du même rouge, mais à un
ton plus clair ou plus foncé, soit d'un autre rouge, un
peu plus chaud — plus orangé — ou un peu plus froid
— plus violet.

Après avoir ainsi surexcité des teintes par la vibration
et la dégradation du ton sur ton et du petit intervalle, il
crée, par la juxtaposition de deux couleurs plus éloignées, une troisième teinte résultant de leur mélange
optique. Ses plus rares colorations, il les crée par cet
ingenieux artifice et non par des melanges sur la palette.
Veut-il modifier une couleur, la pacifier, la rabattre ? Il
ne la souille pas en la mêlant à une couleur opposée : il
obtient l'effet cherché, par une superposition de hachures
légères qui viennent influencer la teinte dans le sens
voulu sans en altérer la pureté. Il sait que les couleurs
complémentaires s'excitent, si elles sont opposées, et se
détruisent si elles sont mêlees : s'il désire de l'éclat, il
l'obtient par leur contraste en les opposant ; au contraire,
par leur mélange optique, il obtient des teintes grises,
et non sales, qu'aucune trituration sur la palette ne
pourrait produire si fines et si lustrées.

Par cette juxtaposition d'éléments voisins ou contraires,
en variant leur proportion ou leur intensité, il crée une
série infinie de teintes et de tons jusqu'alors inconnus, à
son gré éclatants ou délicats.

10. Quelques exemples pris dans ce chef-d'œuvre,
Femmes d'Alger dans leur appartement, montreront l'application de ces divers principes

Le corsage orangé-rouge de la femme couchée à gauche
a des doublures bleu-vert : ces surfaces, de teintes

complémentaires, s'exaltent et s'harmonisent, et ce contraste favorable donne à ces étoffes un éclat et un lustre intenses.

Le turban rouge de la négresse se détache sur une portière à bandes de couleurs différentes, mais il ne rencontre que le lé verdâtre, précisément celui qui forme avec ce rouge l'accord le plus satisfaisant.

Les boiseries de l'armoire alternent rouges et vertes et sont un autre spécimen d'harmonie binaire . le violet et le vert des carreaux du dallage, le bleu de la jupe de la négresse et le rouge de ses rayures, présentent des accords non plus de complémentaires, mais de couleurs plus rapprochées.

Après ces exemples d'analogie des contraires, il faudrait citer, comme application de l'accord des semblables, presque toutes les parties du tableau. Elles tressaillent et vibrent, grâce aux touches de ton sur ton, ou de teintes presques identiques, dont le maître subtil a martelé, tamponné, caressé, hachuré les diverses couleurs posées d'abord à plat et sur lesquelles il revient par cet ingénieux travail de dégradation.

L'éclat prestigieux et le charme rutilant de cette œuvre sont dus, non seulement à cet emploi du ton sur ton et du petit intervalle, mais aussi à la création de teintes artificielles résultant du mélange optique d'éléments plus éloignés.

Le pantalon vert de la femme de droite est moucheté

de petits dessins jaunes , ce vert et ce jaune se mêlent
optiquement et donnent naissance à une localité d'un
jaune-vert qui est bien celui, doux et brillant, d'une
étoffe soyeuse. Un corsage orangé se rehaussera du jaune
des broderies ; un foulard jaune, surexcité par des rayures
rouges, flamboiera au centre du tableau, et les faiences
bleues et jaunes du fond fusionneront en une teinte d'un
indéfinissable vert d'une rare fraîcheur.

Citons encore ces exemples de teintes grises obtenues
par le mélange optique d'éléments purs mais contraires :
le blanc de la chemisette de la femme de droite est
rompu par une teinte indécise et tendre, composée par
le rose et le vert juxtaposés de petites fleurettes ; la teinte
chatoyante et douce du coussin sur lequel s'appuie la
femme de gauche est produite par la mêlée des petites
broderies rouges et verdâtres qui, voisinant, se reconstituent en un gris optique.

11. Cette science de la couleur qui lui permet d'harmoniser ainsi les moindres détails du tableau, d'en
embellir les moindres surfaces, lui sert également à en
régler la composition chromatique, à obtenir, par des
règles sûres, une harmonie générale

Après avoir, par un balancement raisonné, par de
savantes oppositions, établi l'harmonie physique de son
tableau, du plus petit détail au grand ensemble, il peut,
avec autant de certitude scientifique, en assurer l'har-

monie morale Maniant cette science au gré de son inspiration, il décide telle ou telle combinaison, fait dominer
telle ou telle couleur, selon le sujet qu'il veut traiter.
Toujours sa couleur a un langage esthetique conforme
à sa pensée. Le drame qu'il a conçu, le poème qu'il veut
chanter, c'est d'une couleur toujours appropriée qu'il
les exprimera. Cette éloquence du coloris, ce lyrisme
de l'harmonie, c'est la grande force du génie de
Delacroix. Grâce a cette compréhension du caractere
esthétique de la couleur, il pourra, avec quelle sûrete et
quelle ampleur, exprimer son rêve et peindre, tour à
tour, les triomphes, les drames, les intimités et les dou-
leurs.

L'étude du rôle moral de la couleur dans les tableaux
de Delacroix nous entraînerait trop loin Contentons-
nous de signaler *la Mort de Pline*, exprimée par les
accords lugubres d'un violet dominant, le calme de
Socrate et son démon familier, obtenu par le parfait équilibre des verts et des rouges. Dans *Muley-abd-er-Rahman
entouré de sa garde,* le tumulte est traduit par l'accord
presque dissonant du grand parasol vert sur le bleu du
ciel, surexcité déjà par l'orangé des murailles. Rien ne
peut répondre mieux au sujet des *Convulsionnaires de
Tanger,* que l'exaltation de toutes les couleurs, poussée
dans cette toile jusqu'à la frénésie.

L'effet tragique du *Naufrage de Don Juan* est dû a une
dominante vert glauque foncé, assourdie par des noirs

lugubres ; la note funèbre d'un blanc, éclatant sinistre-
ment parmi. tout ce sombre, complète cette harmonie
de désolation.

Dans les *Femmes d'Alger*, le peintre ne veut exprimer
aucune passion, mais simplement la vie paisible et con-
templative dans un intérieur somptueux : il n'y aura
donc pas de dominante, pas de couleur *clef*. Toutes les
teintes chaudes et gaies s'équilibreront avec leurs complémentaires froides et tendres en une symphonie décorative, d'où se dégage à merveille l'impression d'un
harem calme et délicieux.

12. Cependant Delacroix n'a pas encore atteint tout
l'éclat et toute l'harmonie auxquels il doit parvenir un
jour. Si nous continuons l'examen attentif du tableau
Femmes d'Alger, que nous avons pris comme exemple
de l'application de sa méthode scientifique, nous pour-
rons constater qu'il y manque la parfaite unité dans la
variété qui caractérisera ses derniers ouvrages.

Tandis que les fonds, les costumes, les accessoires
vibrent d'un éclat intense et mélodieux, les chairs des
figures peuvent, par comparaison, paraître plates et un
peu ternes et mal en accord avec le reste.

Si l'écrin brille plus que les bijoux, c'est que Delacroix a fait chatoyer les moindres surfaces des étoffes,
des portières, des tapis, des faïences, en y introduisant
quantité de menus détails et de petits ornements dont

les multiples colorations viennent pacifier ou exciter ces
parties du tableau ; tandis qu'il a peint d'une teinte
plate et presque monochrome les chairs, parce que,
dans la réalité, elles ont cette apparence. Il n'a pas
encore osé y introduire des éléments multicolores non
justifiés par la nature. Ce n'est que plus tard qu'il saura
dominer la froide exactitude et qu'il ne craindra pas
de rehausser de hachures artificielles la teinte des chairs
pour obtenir plus d'éclat et plus de lumière.

13. Jamais les trésors de sa palette ne sont épuisés. Il
se dégage, peu à peu, du clair-obscur de ses premières
œuvres. Un chromatisme plus puissant se répand sur
la surface entière de ses toiles ; le noir et les couleurs
terreuses disparaissent en même temps que la teinte
plate ; des teintes pures et vibrantes les remplacent
sa couleur semble devenir immatérielle. Par l'emploi
du mélange optique, il crée des teintes génératrices de
lumière. Si un peu plus de clarté dans la galerie
d'Apollon ou un peu moins de prudence craintive au
Sénat et à la Chambre permettaient d'étudier de près
les décorations de Delacroix, on pourrait facilement
constater que les teintes les plus fraîches et les plus
délicates des chairs sont produites par de grosses
hachures vertes et roses juxtaposées et que l'éclat lumineux des ciels est obtenu par un travail analogue. Au
recul, ces hachures disparaissent, mais la couleur qui

résulte de leur mélange optique se révèle puissante, tandis que, vue à cette distance, une teinte plate s'effacerait ou s'éteindrait.

Delacroix parvient enfin au couronnement de son œuvre : la décoration de la Chapelle des Saints-Anges à Saint-Sulpice. Tous les progrès réalisés pendant quarante années d'effort et de lutte se résument là. Il est alors complètement débarrassé des préparations sombres et des dessous bitumineux qui obscurcissent certaines de ses œuvres et qui maintenant réapparaissent, les craquelant et les détériorant.

Pour la décoration de cette chapelle, il ne peint plus qu'avec les couleurs les plus simples et les plus pures ; il renonce définitivement à subordonner sa couleur au clair-obscur, la lumière est partout répandue : plus un seul trou noir, plus une seule tache sombre, en désaccord avec les autres parties du tableau, plus d'ombres opaques, plus de teintes plates. Il compose ses teintes de tous les éléments qui doivent les rehausser et les vivifier sans souci d'imiter les apparences ou les colorations naturelles. La couleur pour la couleur, sans autre prétexte ! Chairs, décors, accessoires, tout est traité de la même façon. Il n'est plus une seule parcelle de peinture qui ne vibre, ne tressaille, ne miroite. Chaque couleur locale est poussée à son maximum d'intensité, mais toujours en accord avec sa voisine, influencée par elle et l'influençant. Toutes fusionnent

avec les ombres et les lumières, en un ensemble harmonieux et coloré, d'un équilibre parfait, où rien ne détonne.
Nettement la mélodie se dégage des multiples et puissants éléments qui la composent. Delacroix a enfin
atteint l'unité dans la complexité et l'éclat dans l'harmonie, que toute sa vie il avait recherchés.

14. Pendant un demi-siècle, Delacroix s'est donc
efforcé d'obtenir plus d'éclat et plus de lumière, montrant
ainsi la voie à suivre et le but à atteindre aux coloristes
qui devaient lui succéder. Il leur laisse encore beaucoup
à faire, mais, grâce à son apport et à son enseignement,
la tâche leur sera bien simplifiée.

Il leur a prouvé tous les avantages d'une technique
savante, de combinaison et de logique, n'entravant en
rien la passion du peintre, la fortifiant.

Il leur a livré le secret des lois qui régissent la couleur : l'accord des semblables, l'analogie des contraires.

Il leur démontre combien une coloration unie et plate
est inférieure à la teinte produite par les vibrations
d'éléments divers combinés.

Il leur assure les ressources du mélange optique, permettant de créer des teintes nouvelles

Il leur conseille de bannir le plus possible les couleurs
sombres, sales et ternes.

Il leur enseigne qu'on peut modifier et rabattre une
teinte sans la souiller par des mixtures sur la palette.

Il leur signale l'influence morale de la couleur, venant contribuer à l'effet du tableau ; il les initie au langage esthétique des teintes et des tons.

Il les incite à tout oser, à ne jamais craindre que leurs harmonies soient trop colorées.

Le puissant créateur est également le grand éducateur : son enseignement est aussi précieux que son œuvre.

15. Il faut cependant reconnaître que les tableaux de Delacroix, malgré ses efforts et sa science, sont moins lumineux et moins colorés que les tableaux des peintres qui ont suivi sa trace. L'*Entrée des Croisés* paraîtrait sombre entre le *Déjeuner des Canotiers* de Renoir et le *Cirque* de Seurat.

Delacroix a tiré de la palette romantique, surchargée de couleurs, les unes brillantes, les autres, en trop grand nombre, terreuses et sombres, tout ce qu'elle pouvait donner.

Il ne lui a manqué pour servir mieux son idéal qu'un instrument plus parfait. Pour se créer cet instrument, il n'avait qu'à exclure de sa palette les couleurs terreuses qui l'encombraient inutilement. Il les violentait pour en extraire quelque éclat, mais il n'a pas songé à ne peindre qu'avec les couleurs pures et virtuelles de prisme.

Ce progrès, une autre génération, celle des impressionnistes, le devait faire.

Tout s'enchaîne et vient à son temps · on complique

d'abord ; on simplifie ensuite. Si les impressionnistes
ont simplifié la palette, s'ils ont obtenu plus de couleur
et de luminosité, c'est aux recherches du maître romantique, à ses luttes avec la palette compliquée, qu'ils le
doivent.

En outre, Delacroix avait besoin de ces couleurs,
rabattues, mais chaudes et transparentes, que les
impressionnistes ont répudiées. Lié par son admiration
des maîtres anciens, de Rubens, en particulier, il était
trop préoccupé de leur métier pour renoncer aux préparations juteuses, aux sauces brunes, aux dessous bitumineux dont ils usèrent. Ce sont ces classiques procédés,
employés dans la plupart de ses tableaux, qui les font
paraître sombres.

Une troisième raison : s'il avait étudié les lois des
complémentaires et du mélange optique, il n'en connaissait point toutes les ressources. Lors d'une visite
que nous fîmes à Chevreul, aux Gobelins, en 1884, et
qui fut notre initiation à la science de la couleur, l'il-
lustre savant nous raconta que, vers 1850, Delacroix,
qu'il ne connaissait pas, lui avait, par lettre, manifesté
le désir de causer avec lui de la théorie scientifique des
couleurs et de l'interroger sur quelques points qui le
tourmentaient encore Ils prirent rendez-vous. Malheu-
reusement le perpétuel mal de gorge dont souffrait Delacroix l'empêcha de sortir au jour convenu. Et jamais
ils ne se rencontrèrent. Peut-être sans cet incident le

savant aurait-il éclairé plus complètement le peintre.

Théophile Silvestre raconte qu'en plein âge mûr Delacroix disait encore : « *Je vois chaque jour que je ne sais pas mon métier* ». Il pressentait donc des procédés plus féconds que ceux qu'il avait employés. — S'il avait connu toutes les ressources du mélange optique, il aurait généralisé le procédé de hachures de couleurs pures juxtaposées, dont il avait usé dans certaines parties de ses œuvres ; il n'aurait peint qu'avec des couleurs se rapprochant le plus possible de celles du spectre solaire. — La lumière colorée, qu'il avait obtenue dans les chairs de ses peintures décoratives en les zébrant de vert et de rose *décidés*, selon l'expression de Ch. Blanc, se serait alors répandue sur toutes ses œuvres.

Une phrase attribuée à Delacroix formule bien ses efforts : « *Donnez-moi la boue des rues,* déclarait-il, *et j'en ferai de la chair de femme d'une teinte délicieuse* », voulant dire que, par le contraste d'autres couleurs intenses, il modifierait cette boue et la colorerait à son gré.

C'est bien là, en effet, le résumé de sa technique ; il s'efforce de rehausser des préparations ternes par le jeu d'éléments purs ; il s'évertue à faire de la lumière avec des couleurs boueuses. Plutôt que d'embellir cette boue, que ne l'a-t-il répudiée !

Mais voici venir d'autres peintres qui feront une nouvelle étape vers la lumière en ne peignant plus qu'avec les couleurs de l'arc-en-ciel.

III

APPORT DES IMPRESSIONNISTES

Le précurseur Jongkind. Renoir, Monet, Pissarro, Guillaumin,
Cézanne, Sisley. — Ils sont, au début, influencés par Courbet
et Corot ; Turner les ramène à Delacroix. — La palette sim-
plifiée. — L'impressionnisme. — Les couleurs pures ternies
par les mélanges — La sensation et la méthode

1. Ceux qui, succédant à Delacroix, seront les champions de la couleur et de la lumière, ce sont les peintres
que plus tard on appellera les *impressionnistes* : Renoir,
Monet, Pissarro, Guillaumin, Sisley, Cézanne et leur
précurseur admirable, Jongkind.

Celui-ci, 'e premier, répudie la teinte plate, morcelle
sa couleur, fractionne sa touche à l'infinie et obtient les
colorations les plus rares par des combinaisons d'éléments
multiples et presque purs.

A cette époque, ceux qui seront les impressionnistes
sont influencés par Courbet et Corot, — sauf Renoir qui
procède plutôt de Delacroix, dont il fait des copies et
des interprétations. Ils peignent encore par grandes
taches, plates et simples, et semblent rechercher le blanc,

le noir et le gris, plutôt que les couleurs pures et vibrantes,
tandis que déjà Fantin-Latour, le peintre d'*Hommage à
Delacroix* et de tant d'autres œuvres graves ou sereines,
dessine et peint avec des tons et des teintes, sinon intenses,
du moins dégradés et séparés.

Mais en 1871, pendant un long séjour à Londres,
Claude Monet et Camille Pissarro découvrent Turner.
Ils s'émerveillent du prestige et de la féerie de ses colorations ; ils étudient ses œuvres, analysent son métier.
Ils sont tout d'abord frappés de ses effets de neige et de
glace. Ils s'étonnent de la façon dont il a réussi à donner
la sensation de blancheur de la neige, eux qui jusqu'alors n'ont pu y parvenir avec leurs grandes taches
de blanc d'argent étalé à plat, à larges coups de brosses.
Ils constatent que ce merveilleux résultat est obtenu,
non par du blanc uni, mais par une quantité de touches
de couleurs diverses, mises les unes à côté des autres et
reconstituant à distance l'effet voulu.

Ce procédé de touches multicolores, qui s'est manifesté tout d'abord à eux dans ces effets de neige parce qu'ils
ont été surpris de ne pas les voir représentés, comme de
coutume, avec du blanc et du gris, ils le retrouvent ensuite,
employé dans les tableaux les plus intenses et les plus
brillants du peintre anglais. C'est grâce à cet artifice que
ces tableaux paraissent peints, non avec de vulgaires pâtes,
mais avec des couleurs immatérielles.

2. De retour en France, tout préoccupés de leur décou-
verte, Monet et Pissarro rejoignent Jongkind alors en
pleine possession de son efficace métier, qui lui permet
d'interpréter les jeux les plus fugitifs et les plus subtils
de la lumière. Ils notent l'analogie qu'il y a entre son
procédé et celui de Turner ; ils comprennent tout le
bénéfice qu'on peut tirer de la pureté de l'un et de la
facture de l'autre. Peu à peu, les noirs et les terres disparaissent de leurs palettes, les teintes plates de leurs
tableaux, et bientôt ils décomposent les teintes et les
reconstituent sur la toile, en menues virgules, juxtaposées.

Les impressionnistes furent donc ramenés, par l'influence indéniable qu'eurent sur eux Turner et Jongkind,
à la technique de Delacroix, dont ils s'étaient écartés
pour chercher la tache par des oppositions de blanc et
de noir. Car la virgule des tableaux impressionnistes,
n'est-ce pas la hachure des grandes décorations de
Delacroix réduite à la proportion des toiles de petit format auxquelles astreint le travail direct d'après nature ?
C'est bien le même procédé que l'un et les autres
emploient pour atteindre le même but . lumière et couleur.

Jules Laforgue a justement noté cette filiation :

« Le vibrant des impressionnistes par mille paillettes dansantes.
Merveilleuse trouvaille pressentie par cet affolé de mouvement, Delacroix, qui, dans les furies à froid du romantisme, non content de

mouvements violents et de couleur furieuse, modela par hachures
vibrantes. »

NOTES POSTHUMES. *La Revue Blanche*, 15 mai 1896.

3. Mais, tandis que Delacroix avait en main une
palette compliquée, composée de couleurs pures et de
couleurs terreuses, les impressionnistes se serviront
d'une palette simplifiée composée de sept ou huit couleurs, les plus éclatantes, les plus proches de celles du
spectre solaire.

Dès 1874, Monet, Pissarro, Renoir — lequel le premier ?
peu importe — n'ont plus sur leurs palettes que des
jaunes, des orangés, des vermillons, des laques, des
rouges, des violets, des bleus, des verts intenses comme
le véronèse et l'émeraude.

Cette simplification de la palette, ne mettant à leur
disposition qu'une gamme très peu étendue de couleurs,
les mène forcément à décomposer les teintes et à multi-
plier les éléments. Ils s'évertuent à reconstituer les
colorations par le mélange optique d'innombrables virgules multicolores, juxtaposées, croisées et enchevêtrees.

4. Bénéficiant de ces ressources nouvelles, — décomposition des teintes, usage exclusif des couleurs intenses, —
ils peuvent peindre des paysages de l'Ile de France ou
de la Normandie beaucoup plus brillants et plus lumineux
que les scènes orientales de Delacroix. Pour la première

fois, on peut admirer des paysages et des fi ures véri-
tablement ensoleillés. Plus n'est besoin du j emier plan
bitumineux et sombre, qui servait de repoussoir à leurs
prédécesseurs — même à Turner — pour faire paraître
lumineux et colorés les arrière-plans

La surface entière du tableau resplendit de soleil ;
l'air y circule ; la lumière enveloppe, caresse, irradie les
formes, pénètre partout, même dans les ombres, qu'elle
illumine.

Séduits par les féeries de la nature, les impressionnistes, grâce à une exécution rapide et sûre, parviennent
à fixer la mobilité de ses spectacles. Ils sont les glorieux
peintres des effets fugaces et des impressions rapides.

5. Ils obtiennent tant d'éclat et de luminosité qu'ils
ne manquent point de choquer le public et la majorité
des peintres, si réfractaires aux splendeurs et aux charmes
de la couleur On expulse leurs toiles des Salons officiels
et, lorsqu'ils peuvent les montrer dans de bas entresols ou
de sombres boutiques, on ricane, on injurie.

Cependant, ils influencent Edouard Manet, jusqu'alors
épris de tache, d'opposition de blanc et de noir, plutôt
que de chromatisme. Ses toiles soudainement s'éclai-
rent et blondissent. Désormais il va mettre son autorité
et son génie au service de leur cause et combattre, dans
les Salons officiels, le combat que les impressionnistes

soutiennent dans leurs expositions indépendantes tant collectives que particulières.

Et pendant vingt ans la lutte continue ; mais peu à peu, les adversaires, même les plus acharnés, subissent l'influence des impressionnistes. Les palettes se nettoient, les Salons s'éclaircissent jusqu'à la décoloration. Des Prix de Rome, madrés, mais incompréhensifs, pillent les novateurs et essayent vainement de les imiter.

L'impressionnisme caractérisera certainement une des époques de l'art, non seulement par les magistrales réalisations de ces peintres de la vie, du mouvement, de la joie et du soleil, mais aussi par l'influence considérable qu'il eut sur toute la peinture contemporaine, dont il rénova la couleur.

On n'a pas à faire ici l'histoire de ce mouvement ; on précise seulement l'efficace apport technique des impressionnistes : simplification de la palette (les seules couleurs du prisme), décomposition des teintes en éléments multipliés. Il nous sera pourtant permis, à nous qui avons profité de leurs recherches, d'exprimer ici à ces maîtres notre admiration pour leur vie sans concession ni défaillance et pour leur œuvre.

6. Cependant ils n'ont pas tiré de leur palette lumineuse et simplifiée tous les avantages possibles.

Ce que les impressionnistes ont fait, c'est de n'admettre sur leurs palettes que des couleurs pures : ce

qu'ils n'ont pas fait et ce qui restait à faire après e x,
c'est de respecter absolument, en toutes circonstances,
la pureté de ces couleurs pures. En mélangeant les éléments purs dont ils disposent, ils reconstituent ces teintes
ternes· et sombres, que précisément ils semblaient
vouloir bannir.

Leurs couleurs pures, non seulement ils les rabattent
par des mélanges sur la palette , mais ils en diminuent
encore l'intensité en laissant des éléments contraires se
rencontrer sur la toile, au hasard des coups de brosse.
Dans la hâte de leur allègre exécution, une touche
d'orangé heurte une touche de bleu encore fraîche, une
balafre de vert se croise avec une garance non sèche,
un violet balaye un jaune et ces mélanges répétés de
molécules ennemies répandent sur la toile un gris non
optique ni fin, mais pigmentaire et terne, qui atténue
singulièrement l'éclat de leur peinture

7. Du reste, des exemples illustres tendraient à prouver
que, pour ces peintres, les teintes rabattues ne sont pas
sans charme, les tons sourds, sans intérêt. Dans certaines toiles de l'admirable série des *Cathédrales*,
Claude Monet ne s'est-il pas ingénié à fondre ensemble
tous les joyaux de sa fulgurante palette pour rechercher
la teinte, matériellement exacte, si grise et si trouble,
des vieilles murailles rouilleuses et moisies ? Dans les
tableaux de la dernière manière de Camille Pissarro,

on ne peut trouver la moindre parcelle de couleur pure. Particulièrement, dans ces *Boulevards* de 1897-98, ce grand peintre s'est efforcé de reconstituer, par de complexes mixtures de bleu, de vert, de jaune, d'orangé, de rouge, de violet, les teintes lugubres et éteintes de la boue des rues, de la lèpre des maisons, de la suie des cheminées, des arbres noircis, des toits plombés et des foules mouillées, qu'il voulait représenter en leur réalité triste. Mais, dans ce cas, pourquoi exclure les ocres et les terres, qui ont encore de la beauté chaude et transparente et qui fournissent des teintes grises beaucoup plus fines et plus variées que celles qui résultent de ces triturations de couleurs pures ? Qu'est-il besoin de si belles matières si on en ternit l'éclat ?

Delacroix s'efforçait de créer de la lumière avec des couleurs éteintes : les impressionnistes qui, par droit de conquête, ont la lumière sur leur palette, l'éteignent volontairement.

8. Il faut signaler aussi que, dans l'emploi du mélange optique [1], les impressionnistes répudient toute méthode

---

1. Un mélange pigmentaire est un mélange de couleurs-matières, un mélange de pâtes colorées. Un mélange optique est un mélange de couleurs-lumières, et, par exemple, le mélange, au même endroit d'un écran, de faisceaux lumineux diversement colorés. — Sans doute, le peintre ne peint pas avec des rayons de lumière. Mais, de même que le physicien peut restituer le phénomène du mélange optique par l'artifice d'un disque aux segments de diverses couleurs qui tourne rapidement, un peintre peut le restituer par la juxtaposition de menues touches multicolores. Sur le disque en rotation ou, au recul, sur la toile du

précise et scientifique. Selon le mot charmant de l'un d'eux, « *ils peignent comme l'oiseau chante* ».

En cela, ils ne sont pas les continuateurs de Delacroix qui attachait, nous l'avons établi, tant d'importance a la possession d'une technique permettant d'appliquer, à coup sûr, les lois qui gouvernent la couleur et en règlent l'harmonie.

S'ils connaissent ces lois, les impressionnistes ne les appliquent pas méthodiquement. Dans leurs toiles, tel contraste sera observé et tel autre omis ; une réaction sera juste, une autre douteuse. Un exemple montrera combien peut être décevante la sensation sans contrôle. Voici l'impressionniste en train de peindre sur nature un paysage ; il a devant soi de l'herbe ou des feuilles vertes dont telles parties sont dans le soleil, telles autres dans l'ombre. Dans le vert des régions d'ombre les plus voisines des espaces de lumière, l'œil scrutateur du peintre éprouve une fugitive sensation de rouge. Satisfait d'avoir perçu cette coloration, l'impressionniste s'empresse de poser une touche rouge sur sa toile. Mais, dans la hâte de fixer sa sensation, il n'a guère le temps de contrôler l'exactitude de ce rouge, qui, un peu au hasard du coup de brosse, sera exprimé en un orangé, un vermillon, une laque,.... un violet même. Cependant,

---

peintre, l'œil n'isolera ni les segments colorés ni les touches . il ne percevra que la résultante de leurs lumières, — en d'autres termes, le melange *optique* des couleurs des segments, le melange *optique* des couleurs des touches.

c'était un rouge très précis strictement subordonné à la couleur du vert, et non n'importe quel rouge. Si l'impressionniste avait connu cette loi : *l'ombre se teinte toujours légèrement de la complémentaire du clair*, il lui eût été aussi facile de mettre le rouge exact, violacé pour un vert jaune, orangé pour un vert bleu, que le rouge quelconque dont il s'est contenté

Il est difficile de comprendre en quoi la science aurait pu, en cette occasion, nuire à l'improvisation de l'artiste. Au contraire, nous voyons bien les avantages d'une méthode empêchant de tels désaccords qui, pour minimes qu'ils soient, ne favorisent pas plus la beauté d'un tableau que des fautes d'harmonie celle d'une partition.

9. L'absence de méthode fait que souvent l'impressionniste se trompe dans l'application du contraste. Si le peintre est bien en forme ou le contraste très visiblement écrit, la sensation, nettement ressentie, trouvera sa formule exacte ; mais dans des circonstances moins propices, perçue à l'état vague, elle restera inexprimée ou se traduira d'une façon imprécise. Et il nous arrivera de voir, dans les tableaux impressionnistes, l'ombre d'une couleur locale n'être pas l'ombre exacte de cette teinte, mais d'une autre plus ou moins analogue, ou bien une teinte n'être pas modifiée logiquement par la lumière ou l'ombre un bleu, par exemple, plus coloré dans la lumière que dans l'ombre, un rouge plus chaud dans l'ombre que dans la lumière. une lumière trop éteinte ou une ombre trop brillante.

Le même arbitraire, les impressionnistes le manifestent dans la fragmentation de leurs colorations. C'est un beau spectacle que leur perspicacité qui s'évertue ; mais il ne semble pas que des notions directrices la desserviraient. A défaut d'elles, et pour ne se priver d'aucune chance heureuse, ils échantillonnent leur palette sur leur toile, ils mettent un peu de *tout* partout. En cette cohue polychrome, il est des éléments antagoniques · se neutralisant, ils ternissent l'ensemble du tableau. Dans un grand contraste d'ombre à lumière, ces peintres ajouteront du bleu à l'orangé de la lumière, de l'orangé au bleu de l'ombre, grisant ainsi les deux teintes qu'ils voulaient exciter par opposition et atténuant, en conséquence, l'effet de contraste qu'ils semblaient chercher. A une lumière orangée ne correspondra pas exactement l'ombre bleue convenable, mais une ombre verte ou violette, approximative. Dans un même tableau, telle partie sera éclairée par de la lumière rouge, telle autre par de la lumière jaune, comme s'il pouvait être en même temps deux heures de l'après-midi et cinq heures du soir.

10. Observation des lois de couleur, usage exclusif des

teintes pures, renonciation à tout mélange rabattu, équilibre méthodique des éléments, voilà les progrès que les impressionnistes laissaient à faire aux peintres soucieux de continuer leurs recherches.

IV

APPORT DES NÉO-IMPRESSIONNISTES

Impressionnisme et néo-impressionnisme. — *Georges Seurat :* Un dimanche à la Grande-Jatte — *Usage exclusif des teintes pures et du mélange optique.* — *La Division : elle garantit un éclat maximum et une harmonie intégrale.* — *Il s'agit de technique et non de talent.* — *Le néo-impressionnisme procède de Delacroix et des impressionnistes* — *La communauté de technique laisse libres les individualités*

1. C'est en 1886, à la dernière des expositions du groupe impressionniste — « *8° Exposition de Peinture par Mme Marie Bracquemont, Mlle Mary Cassatt, MM. Degas, Forain, Gauguin, Guillaumin, Mme Berthe Morisot, MM. Camille Pissarro, Lucien Pissarro, Odilon Redon, Rouart, Schuffenecker, Seurat, Signac, Tillot, Vignon, Zandomeneghi — du 15 mai au 15 juin — 1, rue Laffitte* » — que, pour la première fois, apparaissent des œuvres peintes uniquement avec des teintes pures, séparées, équilibrées, et se mélangeant optiquement, selon une méthode raisonnée.

Georges Seurat, qui fut l'instaurateur de ce progrès,

montrait là le premier tableau divisé, toile décisive qui témoignait d'ailleurs des plus rares qualités de peintre, *Un Dimanche à la Grande-Jatte*, et, groupés autour de lui, Camille Pissarro, son fils Lucien Pissarro et Paul Signac exposaient aussi des toiles peintes selon une technique à peu près semblable.

L'éclat inaccoutumé et l'harmonie des tableaux de ces novateurs furent immédiatement remarqués, sinon bien accueillis. Ces qualités étaient dues à l'application des principes fondamentaux de la *division*. Depuis lors, cette technique, grâce aux recherches et aux apports de MM. Henri-Edmond Cross, Albert Dubois-Pillet, Maximilien Luce, Hippolyte Petitjean, Théo van Rysselberghe, Henry van de Velde et quelques autres, malgré des morts cruelles, en dépit des attaques et des désertions, n'a cessé de se développer, pour constituer enfin la méthode précise que nous avons résumée au début de cette étude et désignée comme celle des peintres néo-impressionnistes.

Si ces peintres, que spécialiserait mieux l'épithète *chromo-luminaristes,* ont adopté ce nom de _néo-impres-sionnistes*, ce ne fut pas pour flagorner le succès (les impressionnistes étaient encore en pleine lutte), mais pour rendre hommage à l'effort des précurseurs et marquer, sous la divergence des procédés, la communauté du but : *la lumière* et *la couleur*. C'est dans ce sens que doit être entendu ce mot *néo-impressionniste*, car la technique qu'emploient ces peintres n'a rien d'impressionniste : autant celle de leurs devanciers est d'instinct et d'instantanéité, autant la leur est de réflexion et de permanence.

2. Les néo-impressionnistes, comme les impressionnistes, n'ont sur leur palette que des couleurs pures. Mais ils répudient absolument tout mélange sur la palette, sauf, bien entendu, le mélange de couleurs contiguës sur le cercle chromatique. Celles-ci, dégradées entre elles et éclaircies avec du blanc, tendront à restituer la variété des teintes du spectre solaire et tous leurs tons. Un orangé se mélangeant avec un jaune et un rouge, un violet se dégradant vers le rouge et vers le bleu, un vert passant du bleu au jaune, sont, avec le blanc, les seuls éléments dont ils disposent. Mais, par le mélange optique de ces quelques couleurs pures, en variant leur proportion, ils obtiennent une quantité infinie de teintes, depuis les plus intenses jusqu'aux plus grises.

Non seulement ils bannissent de leurs palettes tout mélange de teintes rabattues, mais ils évitent encore de souiller la pureté de leurs couleurs par des rencontres d'éléments contraires sur leur subjectile. Chaque touche, prise pure sur la palette, reste pure sur la toile.

Ainsi, et comme s'ils usaient de couleurs préparées avec des poudres plus brillantes et des matières plus somptueuses, peuvent-ils prétendre à dépasser en luminosité et en coloration les impressionnistes, qui ternissent et grisent les couleurs pures de la palette simplifiée.

3. Ce n'est pas assez que la technique de la *division* assure, par le mélange optique d'éléments purs, un maximum de luminosité et de coloration . par le dosage et l'équilibre de ces éléments, selon les règles du contraste, de la dégradation et de l'irradiation, elle garantit l'harmonie intégrale de l'œuvre.

Ces règles, que les impressionnistes n'observent que parfois et instinctivement, sont toujours et rigoureusement appliquées par les néo-impressionnistes. Méthode précise et scientifique, qui n'infirme pas leur sensation, mais la guide et la protège.

4. Il semble que, devant sa toile blanche, la première préoccupation d'un peintre doive être : décider quelles courbes et quelles arabesques vont en découper la surface, quelles teintes et quels tons la couvrir. Souci bien rare à une époque où la plupart des tableaux sont tels que des photographies instantanées ou de vaines illustrations.

Reprocher aux impressionnistes d'avoir négligé ces préoccupations serait puéril, puisque leur dessein était manifestement de saisir les arrangements et les harmonies de la nature, tels qu'ils se présentent, sans nul souci d'ordonnance ou de combinaison. « *L'impressionniste s'assied au bord d'une rivière* », comme le dit leur critique Théodore Duret, et peint ce qu'il a devant lui. Et ils ont prouvé que, dans cette manière, on pouvait faire merveille.

Le néo-impressionniste, suivant en cela les conseils de Delacroix, ne commencera pas une toile sans en avoir arrêté l'arrangement. Guidé par la tradition et par la science, il harmonisera la composition a sa conception, c'est-à-dire qu'il adaptera les lignes (directions et angles), le clair-obscur (tons), les couleurs (teintes) au caractere qu'il voudra faire prévaloir. La dominante des lignes sera horizontale pour le calme, ascendante pour la joie, et descendante pour la tristesse, avec toutes les lignes intermédiaires pour figurer toutes les autres sensations en leur variété infinie. Un jeu polychrome, non moins expressif et divers, se conjugue à ce jeu linéaire : aux lignes ascendantes, correspondront des teintes chaudes et des tons clairs ; avec les lignes descendantes, prédomineront des teintes froides et des tons foncés ; un équilibre plus ou moins parfait des teintes chaudes et froides, des tons pâles et intenses, ajoutera au calme des lignes horizontales. Soumettant ainsi la couleur et la ligne à l'émotion qu'il a ressentie et qu'il veut traduire, le peintre fera œuvre de poète, de créateur.

5. D'une façon générale, on peut admettre qu'une œuvre néo-impressionniste soit plus harmonieuse qu'une œuvre impressionniste, puisque d'abord, grâce à l'observation constante du contraste, l'harmonie de détail en est plus précise et qu'ensuite, grâce à une composition raisonnée et au langage esthétique des couleurs, elle comporte une harmonie d'ensemble et une harmonie morale dont la seconde se prive volontairement.

Loin, l'idée de comparer les mérites de ces deux générations de peintres : les impressionnistes sont des maîtres définitifs dont la tâche glorieuse est faite et s'est imposée ; les néo-impressionnistes sont encore dans la période des recherches et comprennent combien il leur reste à faire.

Il ne s'agit pas ici de talent, mais de techniques, et ce n'est pas manquer au respect que nous devons à ces maîtres que de dire : la technique des néo-impressionnistes garantit plus que la leur l'intégralité de la luminosité, de la coloration et de l'harmonie ; de même avons-nous pu dire que les tableaux de Delacroix sont moins lumineux et moins colorés que ceux des impressionnistes.

6. Le néo-impressionnisme, que caractérise cette recherche de l'intégrale pureté et de la complète harmonie, est l'expansion logique de l'impressionnisme. Les adeptes de la nouvelle technique n'ont fait que réunir, ordonner

et développer les recherches de leurs précurseurs. La
division, telle qu'ils l'entendent, ne se compose-t-elle pas de
ces éléments de l'impressionnisme, amalgamés et systé-
matisés . l'éclat (Claude Monet), le contraste (qu'observe
presque toujours Renoir), la facture par petites touches
(Cézanne et Camille Pissarro) ? L'exemple de Camille
Pissarro, adoptant, en 1886, le procédé des néo-impressionnistes et illustrant de son beau renom le groupe
naissant, ne montre-t-il pas le lien qui les unit à la
précédente génération de coloristes ? Sans qu'on puisse
noter de changement brusque en ses œuvres, peu à peu,
les mélanges grisés disparurent, les réactions furent notées
et le maître impressionniste, par simple évolution, devint
néo-impressionniste.

Il n'a d'ailleurs pas persisté dans cette voie. Descen-
dant direct de Corot, il ne recherche pas l'éclat par
l'opposition, comme Delacroix, mais la douceur par des
rapprochements ; il se gardera bien de juxtaposer deux
teintes éloignées pour obtenir par leur contraste une
note vibrante, mais s'évertuera, au contraire, à diminuer
la distance de ces deux teintes par l'introduction, dans
chacune d'elles, d'éléments intermédiaires, qu'il appelle
des *passages*. Or, la technique néo-impressionniste est
basée précisément sur ce contraste, dont il n'éprouve pas le
besoin, et sur l'éclatante pureté des teintes, dont son œil
souffre. De la *division,* il n'avait choisi que le procédé,

le *petit point*, dont la raison d'être est justement qu'il permet la notation de ce contraste et la conservation de cette pureté. Il est donc très compréhensible que ce moyen, médiocre pris isolément, ne l'ait pas retenu.

Autre marque de filiation : la *division* parut pour la première fois à la dernière exposition des peintres impressionnistes. Ces maîtres y avaient accueilli les œuvres novatrices de Seurat et de Signac comme bien dans leur tradition. Plus tard seulement, devant l'importance du nouveau mouvement, la scission se fit et les néo-impressionnistes exposèrent à part.

7. Si le néo-impressionnisme résulte immédiatement de l'impressionnisme, il doit aussi beaucoup a Delacroix, comme nous l'avons vu Il est la fusion et le développement des doctrines de Delacroix et des impressionnistes, le retour à la tradition de l'un, avec tout le bénéfice de l'apport des autres.

Nous le prouve, la genèse de Georges Seurat et de Paul Signac.

Georges Seurat suivit les cours de l'école des Beaux-Arts ; mais son intelligence, sa volonté, son esprit méthodique et clair, son goût si pur et son œil de peintre le gardèrent de l'influence déprimante de l'Ecole. Fréquentant assidûment les musées, feuilletant dans les bibliothèques les livres d'art et les gravures, il puisait dans l'étude des maîtres classiques la force de

résister à l'enseignement des professeurs. Au cours de
ces études, il constata que ce sont des lois analogues
qui régissent la ligne, le clair-obscur, la couleur, la
composition, tant chez Rubens que chez Raphael, chez
Michel-Ange que chez Delacroix le rythme, la mesure
et le contraste.

La tradition orientale, les écrits de Chevreul, de
Charles Blanc, de Humbert de Superville, d'O. N. Rood,
de H. Helmholtz le renseignèrent. Il analysa longuement
l'œuvre de Delacroix, y retrouva facilement l'application
des lois traditionnelles, tant dans la couleur que dans
la ligne, et vit nettement ce qui restait encore à faire
pour réaliser les progrès que le maître romantique avait
entrevus.

Le résultat des études de Seurat fut sa judicieuse et
fertile théorie du contraste, à laquelle il soumit dès lors
toutes ses œuvres. Il l'appliqua d'abord au clair-obscur ·
avec ces simples ressources, le blanc d'une feuille de
papier Ingres et le noir d'un crayon Conté, savamment
dégradé ou contrasté, il exécuta quelque quatre cents
dessins, les plus beaux *dessins de peintre* qui soient.
Grâce à la science parfaite des valeurs, on peut dire
que ces *blanc et noir* sont plus lumineux et plus colorés que
maintes peintures. Puis, s'etant ainsi rendu maître du
contraste de ton, il traita la teinte dans le même esprit
et, dès 1882, il appliquait à la couleur les lois du contraste

et peignait avec des éléments séparés — en employant des teintes rabattues, il est vrai — sans avoir été influencé par les impressionnistes dont, à cette époque, il ignorait même l'existence.

Paul Signac, au contraire, dès ses premières études, en 1883, subit l'influence de Monet, de Pissarro, de Renoir et de Guillaumin. Il ne fréquenta aucun atelier et c'est en travaillant d'après nature qu'il surprit les jeux harmonieux du contraste simultané. Puis, en étudiant admirativement les œuvres des maîtres impressionnistes, il crut y constater l'emploi d'une technique scientifique : il lui sembla que les éléments multicolores, dont le mélange optique reconstitue les teintes dans leurs tableaux, étaient séparés méthodiquement, et que ces rouges, ces jaunes, ces violets, ces bleus, ces verts étaient assemblés d'après des règles catégoriques ; les effets du contraste qu'il avait observés dans la nature, mais dont il ignorait les lois, lui parurent appliqués théoriquement par eux.

Quelques lignes de *l'Art Moderne*, de J.-K. Huysmans, dans lesquelles, à propos de Monet et de Pissarro, il est question de couleurs complémentaires, de lumière jaune et d'ombre violette, purent lui laisser supposer que les impressionnistes étaient au fait de la science de la couleur. Il attribua la splendeur de leurs œuvres à ce savoir et crut faire acte de disciple zélé en étudiant, dans le livre de Chevreul, les lois si simples du contraste simultané.

La théorie une fois connue, il put objectiver exactement les contrastes que jusqu'alors il n'avait notés qu'empiriquement et avec plus ou moins de justesse, au hasard de la sensation.

Chaque couleur locale fut auréolée de sa complémentaire authentique, se dégradant sur la couleur limitrophe par des touches balayées dont le jeu mêlait intimement ces deux éléments. Ce procédé pouvait convenir lorsque la couleur locale et la réaction de la couleur voisine étaient de teintes analogues, ou rapprochées, comme par exemple, bleu sur vert, jaune sur rouge, etc., etc. Mais, lorsque ces deux éléments étaient contraires, comme rouge et vert, ou bleu et orangé, ils fusionnaient en un mélange pigmentaire, terne et sali. Le dégoût de ces souillures l'amena fatalement et progressivement à la séparation des éléments en touches nettes, c'est-à-dire au mélange optique, qui, seul, peut permettre de dégrader l'une sur l'autre deux couleurs contraires sans que la pureté en soit ternie. Et il arriva ainsi au contraste simultané et au mélange optique par des voies toutes différentes de celles qu'avait suivies Seurat.

En 1884, à la 1re exposition du groupe des Artistes Indépendants, au baraquement des Tuileries, Seurat et Signac, qui ne se connaissaient pas, se rencontrèrent, Seurat exposait sa *Baignade*, refusée au Salon de cette même année. Ce tableau était peint à grandes touches plates, balayées les unes sur les autres et issues d'une palette

composée, comme celle de Delacroix, de couleurs pures et
de couleurs terreuses. De par ces ocres et ces terres, le
tableau était terni et paraissait moins brillant que ceux que
peignaient les impressionnistes avec leur palette réduite aux
couleurs du prisme Mais l'observation des lois du contraste,
la séparation méthodique des éléments — lumière, ombre,
couleur locale, réactions —, leur juste proportion et leur
équilibre, conféraient à cette toile une parfaite harmonie.

Signac était représenté par quatre paysages, peints avec
les seules couleurs du prisme, posées sur la toile en petites
touches virgulaires selon le mode impressionniste, mais
déjà sans mélanges rabattus sur la palette. Le contraste y
était observé et les éléments s'y mélangeaient optiquement,
sans toutefois la justesse et l'équilibre de la méthode rigoureuse de Seurat.

S'éclairant de leurs mutuelles recherches, Seurat bientôt
adoptait la palette simplifiée des impressionnistes et Signac
mettait à profit l'apport si précieux de Seurat : la séparation
méthodiquement équilibrée des éléments.

Et, comme nous avons vu au début de ce chapitre, tous
deux, avec Camille et Lucien Pissarro qui s'étaient enthou-
siasmés, représentaient, à l'exposition impressionniste de
1886, le néo-impressionnisme débutant.

8. Tous ces tableaux néo-impressionnistes se confondent,
et la personnalité des auteurs s'y noie dans la communauté
du procédé, dira tel visiteur d'expositions.

Celui-là sans doute s'est entraîné dès longtemps à ne distinguer les œuvres des peintres que le catalogue a la main. Il faut, en effet, être bien réfractaire aux jeux de la couleur et bien insensible aux charmes de l'harmonie pour confondre un Seurat, blond, fin, aux couleurs locales atténuées par la lumière et par l'ombre, avec un Cross, dont les localités éclatent, dominatrices des autres éléments.

A des enfants ou à des êtres primitifs, montrez des enluminures d'Epinal et des estampes japonaises : ils ne les distingueront pas les unes des autres. Mais des gens dont l'éducation artistique sera ébauchée discerneront déjà la différence de ces deux sortes d'images. Et d'autres, plus instruits, sauront mettre un nom d'auteur sur chacune des estampes japonaises.

Montrez-leur des peintures de divers néo-impressionnistes : pour la première catégorie, ce seront des tableaux « comme les autres » ; pour la deuxième, ce seront tous des tableaux *pointillés* indistinctement ; et seulement les adeptes du troisième degré sauront reconnaître la personnalité de chaque peintre.

De même qu'il y a des gens incapables de distinguer un Hok'saï d'un Hiroshighé, un Giotto d'un Orcagna, un Monet d'un Pissarro, il en est qui confondent un Luce avec un Van Rysselberghe. Que ces amateurs parachèvent leur éducation artistique.

9. La vérité est qu'il y a autant de divergences entre les néo-impressionnistes qu'entre les divers impressionnistes, par exemple. Qu'un néo-impressionniste fasse tel ou tel sacrifice d'éléments dans le sens de son œuvre (selon que celle-ci offrira plus d'intérêt par les contrastes lumineux que par la recherche des couleurs locales, ou inversement), sa personnalité, s'il en a une, aura là un prétexte — parmi cent autres que nous citerions — de se traduire en sa franchise la plus aiguë.

Une technique qui a donné les grandes compositions synthétiques de Georges Seurat, les portraits gracieux ou puissants de Van Rysselberghe, les toiles ornementales de Van de Velde ; qui a permis d'exprimer : à Maximilien Luce, la rue, le peuple, le travail ; à Cross, le rythme des gestes en d'harmonieux décors ; à Charles Angrand, la vie des champs ; à Petitjean, les graciles nudités des nymphes ; qui a pu s'assouplir à ces tempéraments si distincts, et produire des œuvres si variées, peut-elle, sans mauvaise foi ou ignorance, être accusée d'annihiler la personnalité de ceux qui l'adoptent ?

La discipline de la *division* ne leur a pas été plus dure qu'au poète celle du rythme. Loin de nuire à leur inspiration, elle a contribué à donner à leurs ouvrages une tenue sévère et poétique, hors du trompe-l'œil et de l'anecdote.

Delacroix pensait aussi que la contrainte d'une méthode

raisonnée et précise ne pouvait que rehausser le style d'une œuvre d'art :

« Je vois dans les peintres, des prosateurs et des poètes ; la rime les entrave ; le tour indispensable aux vers, et qui leur donne tant de vigueur, est l'analogie de la symétrie cachée, du balancement, en même temps savant et inspiré, qui règle les rencontres ou l'écartement des lignes, les taches, les rappels de couleur. »

V

LA TOUCHE DIVISÉE

La touche divisée des néo-impressionnistes ; elle permet seule le mélange optique, la pureté et la proportion — La division et le point. — La hachure de Delacroix, la virgule des impressionnistes, la touche divisée, moyens conventionnels identiques ; pourquoi admettre les deux premiers et non le troisième ? il n'est pas plus gênant et offre des avantages sur les deux autres. — La division et la peinture décorative.

1. Dans la technique des néo-impressionnistes, bien des gens, insensibles aux résultats d'harmonie, de couleur et de lumière, n'ont vu que le procédé ¸Ce procédé, qui a pour effet d'assurer les résultats en question par la pureté des éléments, leur dosage équilibré et leur parfait mélange optique, ne consiste pas forcément dans le point, comme ils se l'imaginent, mais dans toute touche de forme indifférente, nette, sans balayage et de dimension proportionnée au format du tableau · — de forme indifférente, car cette touche n'a pas pour but de donner le trompe-l'œil des objets, mais bien de figurer les différents éléments colorés des

teintes ; — nette, pour permettre le dosage ; — sans
balayage, pour assurer la pureté ; — de dimension proportionnée au format du tableau et uniforme pour un même
tableau, afin que, à un recul normal, le mélange optique
des couleurs dissociées s'opère facilement et reconstitue
la teinte.

Par quel autre moyen, noter avec précision les jeux et
les rencontres d'éléments contraires : la quantité de rouge
dont se teinte l'ombre d'un vert, par exemple ; l'action
d'une lumière orangée sur une couleur locale bleue ou,
réciproquement, d'une ombre bleue sur une couleur locale
orangée ?... Si l'on combine autrement que par le mélange
optique ces éléments ennemis, leur mixture aboutira à une
teinte boueuse , si on balaye les touches les unes sur les
autres, on courra le risque des salissures , si on les juxtapose en touches même pures, mais imprécises, le dosage
méthodique ne sera plus possible et toujours un des
éléments dominera au détriment des autres. Cette facture
a encore l'avantage d'assurer à chaque pigment coloré son
maximum d'intensité et toute sa fleur.

2. Cette *touche divisée* des néo-impressionnistes, c'est
— discipliné à la nouvelle technique — le même procédé
que la hachure de Delacroix et que la virgule des impressionnistes.

Elles ont, ces trois factures, un but commun : donner

à la couleur le plus d'éclat possible, en créant des lumières colorées, grâce au mélange optique de pigments juxtaposés. Hachures, virgules, touches divisées sont trois moyens conventionnels identiques, mais accomodés aux exigences particulières des trois esthétiques correspondantes · ainsi les techniques s'enchaînent parallèlement aux esthétiques et doublent le lien qui unit si étroitement le maître romantique, les impressionnistes et les néo-impressionnistes.

Delacroix, esprit exalté et réfléchi tout ensemble,' couvre sa toile de hachures fougueuses, mais qui dissocient la couleur avec méthode et précision : et, par cette facture propice au mélange optique et au modelé rapide dans le sens de la forme, il satisfait son double souci de couleur et de mouvement.

Supprimant de leur palette toutes les couleurs ternes ou sombres, les impressionnistes durent reconstituer, avec le petit nombre de celles qui leur restaient, un clavier étendu. Ils furent ainsi conduits à une facture plus fragmentée que celle de Delacroix : et, au lieu de ses hachures romantiques, ce furent de minimes touches posées du bout d'un pinceau alerte et s'enchevêtrant en pelote multicolore, — pimpantes façons bien adaptées à une esthétique toute de sensation soudaine et fugitive.

Jongkind, avant eux, et aussi Fantin-Latour avaient usé d'une facture analogue, mais sans pousser aussi loin ce morcellement de la touche. Vers les années 80, Camille

Pissarro (tableaux de Pontoise et d'Osny) et Sisley (paysages du Bas-Meudon et de Sèvres) montrèrent des toiles d'une facture absolument fragmentée. A cette époque, dans les tableaux de Claude Monet, on pouvait remarquer des parties traitées de cette même façon à côté de légers frottis à plat. Plus tard seulement, ce maître parut renoncer à toute teinte unie et couvrit l'entière surface de ses toiles de virgules multipliées. Renoir aussi séparait les éléments, mais en touches plus larges — commandées d'ailleurs par les dimensions de ses toiles — et plus plates, que son pinceau balayait les unes sur les autres. Cézanne, en juxtaposant, par touches carrées et nettes, sans souci d'imitation ni d'adresse, les élements divers des teintes décomposées, approcha davantage de la *division* méthodique des néo-impressionnistes.

Ceux-ci n'attachent aucune importance à la forme de la touche, car ils ne la chargent pas de modeler, d'exprimer un sentiment, d'imiter la forme d'un objet. Pour eux, une touche n'est qu'un des infinis éléments colorés dont l'ensemble composera le tableau, élément ayant juste l'importance d'une note dans une symphonie. Sensations tristes ou gaies, effets calmes ou mouvementés, seront exprimés, non par la virtuosité des coups de brosse, mais par les combinaisons des lignes, des teintes et des tons.

Ce mode d'expression simple et précis, la *touche divisée,*

n'est-il pas bien en rapport avec l'esthétique claire et méthodique des peintres qui l'emploient ?

3. La touche en virgule des impressionnistes joue, en certains cas, le rôle expressif de la hachure de Delacroix, par exemple lorsqu'elle imite la forme d'un objet — feuille, vague, brin d'herbe, etc. , — mais, d'autres fois, comme la *touche divisée* des néo-impressionnistes elle ne représente que les éléments colorés, séparés et juxtaposés, reconstituables par le mélange optique Il est clair, en effet, que, lorsque l'impressionniste veut peindre des objets d'apparence unie et plate — ciel bleu, linge blanc, papier monochrome, nu, etc. — et qu'il les traduit par des virgules multicolores, le rôle de ces touches ne s'explique que par le besoin d'orner les surfaces en y multipliant les éléments colorés, sans souci aucun de copier la nature. La virgule impressionniste est donc la transition de la hachure de Delacroix à la *touche divisée* des néo-impressionnistes — puisque, selon les circonstances, elle joue le rôle de l'une ou de l'autre de ces factures

De même, la touche de Cézanne est le trait d'union entre les modes d'exécution des impressionnistes et des néo-impressionnistes. Le principe — commun, mais appliqué différemment — du mélange optique unit ces trois générations de coloristes qui recherchent les uns et les autres, par des techniques similaires, la lumière, la couleur et l'harmonie. Ils ont le même but et, pour y arriver, emploient presque les mêmes moyens... Les moyens se sont perfectionnés.

4. La *division*, c'est un système complexe d'harmonie, une esthétique plutôt qu'une technique. Le *point* n'est qu'un moyen.

Diviser, c'est rechercher la puissance et l'harmonie de la couleur, en représentant la lumière colorée par ses éléments purs, et en employant le mélange optique de ces éléments purs séparés et dosés selon les lois essentielles du contraste et de la dégradation.

La séparation des éléments et le melange optique assurent la pureté, c'est-à-dire la luminosité et l'intensité des teintes ; la dégradation en rehausse le lustre ; le contraste, réglant l'accord des semblables et l'analogie des contraires, subordonne ces elements, puissants mais équilibrés, aux règles de l'harmonie. La base de la *division*, c'est le contraste : le contraste n'est-ce pas l'art ?

Pointiller, est le mode d'expression choisi par le peintre qui pose de la couleur sur une toile par petits points plutôt que de l'étaler à plat. C'est couvrir une surface de petites touches multicolores rapprochées, pures ou ternes, en s'efforçant d'imiter, par le mélange optique de ces éléments multipliés, les teintes variées de la nature, sans aucune volonté d'équilibre, sans aucun souci de contraste. Le *point* n'est qu'un coup de brosse, un procédé, et, comme tous les procédés, n'importe guère.

Le *point* n'a été employé, vocable ou facture, que par ceux qui, n'ayant pu apprécier l'importance et le charme du contraste et de l'équilibre des éléments, n'ont vu que le moyen et non l'esprit de la *division*.

Des peintres ont tenté de s'assurer les bénéfices de la *division*, qui n'ont pu y réussir. Et certainement dans leur œuvre, les tableaux où ils s'essayèrent a cette technique sont inférieurs, sinon en luminosité, du moins en harmonie, à ceux qui précédèrent ou suivirent leurs périodes de recherches. C'est que seul le procédé était employé, mais que la « divina proportione » était absente. Ils ne doivent pas rendre la *division* responsable de cet échec : ils ont *pointillé* et non *divisé*...

Jamais nous n'avons entendu Seurat, ni Cross, ni Luce, ni Van de Velde, ni Van Rysselberghe, ni Angrand parler de *points ;* jamais nous ne les avons vus préoccupés de *pointillé*. — Lisez ces lignes que Seurat a dictées à son biographe Jules Christophe :

« L'Art c'est l'Harmonie, l'Harmonie c'est l'analogie des Contraires, l'analogie des Semblables, de ton, de teinte, de ligne ; le ton, c'est-à-dire le clair et le sombre ; la teinte, c'est-à-dire le rouge et sa complémentaire le vert, l'orangé et sa complémentaire le bleu, le jaune et sa complémentaire le violet... Le moyen d'expression, c'est le mélange optique des tons, des teintes et de leurs réactions (ombres) suivant des lois très fixes. »

Dans ces principes d'art, qui sont ceux de la *division,* est-il question de *points ?* trace d'une mesquine préoccupation de *pointillage ?*

On peut d'ailleurs *diviser* sans *pointiller.*

Tel croqueton de Seurat, enlevé d'après nature, sur un panneau, dans le fond d'une boîte a pouce, en quelques coups de brosses, n'est pas *pointillé,* mais *divisé,* car, malgré le travail hâtif, la touche est pure, les éléments sont équilibrés et le contraste observé. Et ces qualités seules, et non un pignochage minutieux, constituent la *division.*

Le rôle du *pointillage* est plus modeste   il rend simplement la surface du tableau plus vibrante, mais n'assure ni la luminosité, ni l'intensité du coloris, ni l'harmonie. Car, les couleurs complémentaires, qui sont amies et s'exaltent si elles sont opposées, sont ennemies et se détruisent si elles sont mélangées, même optiquement. Une surface rouge et une surface verte, opposées, se stimulent, mais des points rouges, mêlés à des points verts, forment un ensemble gris et incolore.

La *division* n'exige nullement une touche en forme de *point* — Elle peut user de cette touche pour des toiles de petite dimension, mais la répudie absolument pour des formats plus grands. Sous peine de décoloration, la grandeur de la *touche divisée* doit se proportionner à la dimension de l'œuvre La *touche divisée,* changeante, vivante, « lumière », n'est donc pas le *point,* uniforme, mort, « matière ».

5. Il ne faut pas croire que le peintre qui *divise* se livre au travail insipide de cribler sa toile, de haut en bas, et de droite à gauche, de petites touches multicolores. Partant du contraste de deux teintes, sans s'occuper de la surface à couvrir, il opposera, dégradera et proportionnera ses divers éléments, de chaque côté de la ligne de démarcation, jusqu'à ce qu'il rencontre un autre contraste, motif d'une nouvelle dégradation. Et, de contraste en contraste, la toile se couvrira.

Le peintre aura joué de son clavier de couleur, de la même façon qu'un compositeur manie les divers instruments pour l'orchestration d'une symphonie : il aura modifié à son gré les rythmes et les mesures, paralysé ou exalté tel élément, modulé à l'infini telle dégradation. Tout a la joie de diriger les jeux et les luttes des sept couleurs du prisme, il sera tel qu'un musicien multipliant les sept notes de la gamme, pour produire la mélodie. Combien morne, au contraire, le travail du pointilliste... Et n'est-il pas naturel que les nombreux peintres qui, à un moment, par mode ou par conviction, ont *pointillé,* aient renoncé à ce triste labeur, malgré leurs enthousiasmes de début ?

6. Hachures de Delacroix, virgules des impression-

nistes, *touche divisée* des néo-impressionnistes, sont des procédés conventionnels identiques dont la fonction est de donner à la couleur plus d'éclat et de splendeur en supprimant toute teinte plate, des artifices de peintres pour embellir la surface du tableau.

Les deux premières factures, hachures et virgules, sont maintenant admises ; mais non pas encore la troisième, la *touche divisée*. — La nature ne se présente pas ainsi, dit-on. On n'a pas de tachés multicolores sur la figure. — Mais a-t-on davantage du noir, du gris, du brun, des hachures ou des virgules ? Le noir de Ribot, le gris de Whistler, le brun de Carrière, les hachures de Delacroix, les virgules de Monet, les *touches divisées* des néo-impressionnistes, sont des artifices dont usent ces peintres pour exprimer leur vision particulière de la nature.

En quoi plus conventionnelle que les autres procédés, la *touche divisée* ? Pourquoi plus gênante ? Simple élément coloré, elle peut, par son impersonnalité même, se prêter à tous les sujets.

Et, si c'est un mérite pour un procédé d'art que de s'apparier aux procédés de la nature, constatons : celle-ci peint uniquement avec les couleurs du spectre solaire dégradées à l'infini et elle ne se permet pas un millimètre carré de teinte plate. La *division* ne se conforme-t-elle pas, mieux qu'aucun autre procédé, à cette technique naturelle ? et un peintre rend-il un plus bel

hommage à la nature en s'efforçant, comme font les
néo-impressionnistes, de restituer sur la toile son principe essentiel, la lumière, ou en la copiant servilement
du plus petit brin d'herbe au moindre caillou ?

Au surplus, nous souscrirons à ces aphorismes de
Delacroix :

« La froide exactitude n'est pas l'art »

« Le but de l'artiste n'est pas de reproduire exactement les objets. »

« Car, quel est le but suprême de toute espèce d'art, si ce n'est
l'effet ? »

7. L'effet recherché par les néo-impressionnistes et
assuré par la *division*, c'est un maximum de lumière,
de coloration et d'harmonie. Leur technique semble
donc convenir fort bien aux compositions décoratives,
à quoi, d'ailleurs, certains d'entre eux l'ont quelquefois
appliquée. Mais, exclus des commandes officielles, n'ayant
pas de murailles à décorer, ils attendent des temps ou
il leur sera permis de réaliser les grandes entreprises dont
ils rêvent.

A la distance que supposent les dimensions habi-
tuelles des œuvres de ce genre, la facture, convenable-
ment appropriée, disparaîtra et les éléments séparés se
reconstitueront en lumières colorées éclatantes. Quant
aux *touches divisées*, elles seront aussi invisibles que les
hachures de Delacroix dans ses décorations de la galerie
d'Apollon ou de la bibliothèque du Sénat.

D'ailleurs, ces *touches divisées* qui, vues de trop près, peuvent choquer, le temps ne se chargera que trop volontiers de les faire disparaître. En quelques années, les empâtements diminuent, les couleurs fondent les unes dans les autres et le tableau alors n'est que trop uni.

« La peinture ne doit pas être flairée », a dit Rembrandt. Pour écouter une symphonie, on ne se place pas parmi les cuivres, mais à l'endroit où les sons des divers instruments se mêlent en l'accord voulu par le compositeur. On pourra ensuite se plaire à décomposer la partition, note par note, pour en étudier le travail d'orchestration. De même, devant un tableau divisé, conviendra-t-il de se placer d'abord assez loin pour percevoir l'impression d'ensemble, quitte à s'approcher ensuite pour étudier les jeux des éléments colorés, si l'on accorde quelque intérêt a ces détails techniques.

Si Delacroix avait pu connaître toutes les ressources de la *division,* il aurait vaincu toutes difficultés dans ses décorations du salon de la Paix, à l'Hôtel de Ville. Les panneaux qu'il devait couvrir étaient obscurs et il ne parvint jamais à les rendre lumineux. Il se plaint dans son *Journal* de n'avoir pu, bien que s'y étant repris à plusieurs fois, retrouver sur cet emplacement l'éclat de ses esquisses.

A Amiens, quatre admirables compositions de Puvis de Chavannes · *Le Porte-Etendard, Femme pleurant sur*

les ruines de sa maison, la Fileuse, le Moissonneur, placées
sur les entrecroisées, face à *la Guerre* et a *la Paix*, sont
rendues invisibles par le jour éblouissant des fenêtres qui
les encadrent.

On peut affirmer qu'en ces circonstances une décoration *divisée* créerait, sur ces panneaux, des teintes colorées qui triompheraient du voisinage trop lumineux des
fenêtres.

Même les toiles de petites dimensions des néo-impressionnistes peuvent être présentées comme décoratives.
Ce ne sont ni des études, ni des tableaux de chevalet,
mais d' « exemplaires spécimens d'un art à grand développement décoratif, qui sacrifie l'anecdote à l'arabesque,
la nomenclature à la synthèse, le fugace au permanent,
et confère a la nature, que lassait a la fin sa réalité précaire,
une authentique réalité », écrivit M. Félix Fénéon. Ces
toiles qui restituent de la lumière aux murs de nos
appartements modernes, qui enchassent de pures couleurs
dans des lignes rythmiques, qui participent du charme
des tapis d'Orient, des mosaiques et des tapisseries, ne
sont-elles pas des décorations aussi ?

VI

RÉSUMÉ DES TROIS APPORTS

Tant de phrases, — mais il a fallu produire toutes les preuves, pour convaincre de la légitimité du néo-impressionnisme en établissant son ascendance et son apport, — ne pourraient-elles se condenser en ce tableau synoptique :

BUT

Delacroix.
L'impressionnisme
Le néo-impressionnisme.

} *donner à la couleur le plus d'éclat possible*

MOYENS

Delacroix.

{
1. *Palette composée de couleurs pures et de couleurs rabattues ;*
2. *Mélange sur la palette et mélange optique ,*
3. *Hachures ;*
4. *Technique méthodique et scientifique.*
}

L'impressionnisme.

{
1. *Palette composée uniquement de couleurs pures se rapprochant de celles du spectre solaire ,*
2. *Mélange sur la palette et mélange optique ;*
3. *Touches en virgules ou balayées ;*
4. *Technique d'instinct et d'inspiration.*
}

LE NEO-IMPRESSIONNISME

1. *Même palette que l'impressionnisme ;*
2. *Mélange optique ;*
3. *Touche divisée,*
4. *Technique méthodique et scientifique.*

RÉSULTATS

DELACROIX.

En répudiant toute teinte plate et grâce au dégradé, au contraste et au mélange optique, il réussit à tirer des éléments en partie rabattus dont il dispose un éclat maximum dont l'harmonie est garantie par l'application systématique des lois qui régissent la couleur.

L'IMPRESSIONNISME

En ne composant sa palette que de couleurs pures, il obtient un résultat beaucoup plus lumineux et plus coloré que celui de Delacroix ; mais il en diminue l'éclat par des mélanges pigmentaires et salis et en restreint l'harmonie en n'appliquant que d'une manière intermittente et irrégulière les lois qui régissent la couleur.

LE NEO-IMPRESSIONNISME

Par la suppression de tout mélange sali, par l'emploi exclusif du mélange optique des couleurs pures, par une division méthodique et l'observation de la théorie scientifique des couleurs, il garantit un maximum de luminosité, de coloration et d'harmonie, qui n'avait pas encore été atteint.

VII

TÉMOIGNAGES

1. Cette technique de la *division*, instaurée par les néo-impressionnistes et que nous présentons comme le développement normal de celle des impressionnistes, nous l'avions déjà montrée au début de cette étude, par de nombreuses citations, singulièrement pressentie et presque entièrement indiquée par Delacroix. Mais d'autres aussi avaient prévu toutes les ressources que le futur apport des néo-impressionnistes, la touche divisée d'éléments purs, pouvait offrir à l'art.

Voici Charles Blanc, qui nous a déjà signalé tous les bénéfices d'une technique savante basée, comme la *division*, sur le contraste et sur le mélange optique. Dans sa *Grammaire des arts du dessin*, il expose que, pour donner de l'éclat à la couleur, il faut éviter de l'étaler à plat, et conseille d'en user selon le mode oriental, précisément conforme au procédé des néo-impressionnistes ·

« Les Orientaux, qui sont d'excellents coloristes, lorsqu'ils ont à teindre une surface unie en apparence, ne laissent pas de faire vibrer la couleur en mettant ton sur ton. »

Plus loin, il cite un fragment d'une étude de M. A.
de Beaumont, parue dans la *Revue des Deux Mondes*, pour
indiquer combien sont grands le charme et la puissance
d'une couleur rompue à l'infini. Cette citation montre
clairement qu'il y a communauté de technique entre le
néo-impressionnisme et la plus somptueuse des traditions
coloriste, la tradition orientale.

« Plus la couleur est intense, plus les Orientaux la font miroiter,
afin de la nuancer sur elle même, afin de la rendre encore plus
intense et d'empêcher la sécheresse et la monotomie, afin de produire, en un mot, cette vibration sans laquelle une couleur est aussi
insupportable à nos yeux que le serait un son pour nos oreilles, aux
mêmes conditions »

Tant de gens cependant aiment la peinture plate et
lisse, qu'il faut croire que les yeux sont moins sensibles
que les oreilles.

2. Voici, plus positif encore, le témoignage de John
Ruskin, le didactique esthéticien, le critique adepte et
prescient.

Citons d'abord ces fragments de ses *Elements of dra-
wing*, livre que tout artiste devrait connaître et dont le
peintre néo-impressionniste H.-E Cross a écrit la première traduction française :

« J'ai une profonde répugnance pour tout ce qui ressemble à l'habileté de la main. »

Delacroix, lui, avait dit :

« Ce qu'il faut éviter, c'est l'inf .iale commodité de la brosse »

La touche divisée des néo-impressionnistes, posée simplement sur la toile, sans virtuosité, sans escamotage, ne donne-t-elle pas satisfaction à ces deux maîtres ?

Ruskin montre ensuite qu'une couleur ne peut être belle que si elle est soigneusement dégradée, et il signale toute l'importance de ce procédé si négligé ·

« Vous reconnaîtrez dans la pratique que l'éclat de la teinte, la vigueur de la lumière et même l'aspect de transparence dans l'ombre sont essentiellement dépendants de ce caractère seul : la dégradation. La dureté, la froideur et l'opacité résultent beaucoup plus de l'égalité de la couleur que de sa nature.

« Il n'est pas, en effet, physiquement impossible de découvrir un espace de couleur non dégradé, mais cela est si suprêmement improbable, que vous ferez mieux de prendre l'habitude de vous demander invariablement, lorsque vous allez copier une teinte, non pas : « Ceci est-il dégradé ? » mais : « De quelle façon ceci est-il dégradé ? » et au moins dans quatre-vingt-dix-neuf cas sur cent, vous serez à même, après un coup d'œil attentif, de répondre d'une façon décisive, bien que la dégradation ait été si subtile que vous ne l'ayez pas perçue tout d'abord. Et n'importe le peu d'étendue de la touche de couleur. Ne serait-elle même pas plus grande que la plus petite tête d'épingle, si une de ses parties n'est pas plus foncée que le reste, c'est une touche mauvaise. Car ce n'est pas seulement parce que le fait se présente ainsi dans la nature que votre couleur devrait être dégradée : la valeur et le charme de la couleur elle-même dépendent plus de cette qualité que de toute autre, car la dégradation est aux couleurs exactement ce que la courbure est aux lignes : l'une et l'autre éveillant en tout esprit humain, par l'intervention de son pur instinct, une idée de beauté et toutes deux, considérées comme types, exprimant la loi de l'évolution graduelle et du progrès dans l'âme humaine. Relativement à la simple beauté, la différence existant entre une couleur dégradée et une couleur non dégradée peut être facilement appréciée en étendant sur du papier une teinte unie de couleur rose et en plaçant à côté une feuille de rose. La triomphante beauté de la rose, comparée aux autres fleurs, dépend entièrement de la délicatesse et de la quantité de ses dégradations de couleur, toutes les autres fleurs étant, soit moins riches en dégradations, de ce fait qu'elles ont moins de pétales accumulés, soit moins délicates, pour êtres tachetées ou veinées au lieu d'être nuancées. »

Puis Ruskin affirme que Turner, dans sa passion de couleur, n'a pas omis ce moyen d'embellir ses teintes :

« Dans les plus grandes peintures à l'huile de Turner, de six ou sept pieds de longueur peut-être sur quatre ou cinq de hauteur, vous ne trouverez pas un fragment de couleur de la grosseur d'un grain de blé qui ne soit dégradé. »

Les néo-impressionnistes, dont les tableaux sont divisés à l'infini, ne sont-ils pas les plus fidèles observateurs de cet important facteur de beauté, la dégradation, sans laquelle il n'est pas de belle couleur ?

Ayant ainsi signalé l'importance de la dégradation, Ruskin engage le peintre à l'étudier dans la nature, où sans cesse il en trouvera les traces harmonieuses :

« Aucune couleur de la nature n'existe, dans les circonstances ordinaires, sans dégradation. Si vous ne le voyez pas, la faute en est à votre expérience Vous le reconnaîtrez en temps voulu, si vous vous exercez suffisamment. Mais, en général, vous pouvez le constater tout de suite. »

En outre, il indique nettement le moyen d'obtenir sur
une toile une belle dégradation et l'avantage d'un tel procédé sur l'emploi de la teinte plate .

« Placer les teintes modifiantes par petites touches »
« Si une couleur doit être renforcée par des fragments d'une autre
couleur, il est préférable, dans bien des cas, de poser celle-ci sur celle-
là en d'assez vigoureuses petites touches, comme de la paille hachée
finement, plutôt que de l'y étendre comme une teinte à plat, et ceci
pour deux raisons : la première, c'est que le jeu simultané de deux
couleurs charme l'œil ; la seconde, c'est que de nombreuses expres-
sions de forme peuvent être obtenues par une sage distribution des
touches foncées placées au-dessus »

Ce moyen, « petites touches, comme de la paille hachée
finement », n'est-ce pas précisément celui qu'emploient
les néo-impressionnistes ?

Mais, mieux, ces petites touches morcelées, ils les veut
de couleurs integres

« Reproduisez des teintes composées par l'entrelacement des touches des couleurs pures dont ces teintes sont constituées, et usez de
ce procédé quand vous désirez obtenir des effets éclatants et d'une
grande douceur »

Touches divisées de couleurs pures . tout l'apport des
néo-impressionnistes.

« La meilleure couleur à laquelle nous puissions prétendre, c'est
par le STIPPLING que nous l'obtiendrons. »

Or, la traduction littérale de STIPPLING est . *pointillage.*

Et ce n'est pas là un mot que Ruskin emploie une fois,
par hasard. Il consacre à cette facture, qu'il recommande
si spécialement, tout un chapitre intitulé : ROMPRE UNE
COULEUR EN MENUS POINTS PAR JUXTAPOSITION OU SUPERPOSITION.

« Celui-ci est le plus important de tous les procédés de la bonne
peinture moderne à l'huile ou à l'aquarelle.

« Dans les effets de distance d'un sujet brillant, les bois, ou l'eau
ridée, ou les nuages morcelés, on peut obtenir beaucoup par des touches ou par un émiettement de menues taches de couleurs, dans les
interstices desquelles d'autres couleurs seront ensuite adroitement
placées. Plus vous pratiquerez ce procédé, lorsque le sujet évidemment le demandera, mieux votre œil jouira des plus hautes qualités
de la couleur. Le procédé est, par le fait, l'application du principe
des couleurs séparées jusqu'au raffinement le plus extrême ; c'est
employer les atomes de couleur en juxtaposition, plutôt que de les
étendre en larges espaces Et, en remplissant les menus interstices
de cette espèce, si vous désirez que la couleur dont vous les couvrez
ressorte brillamment, observez qu'il vaut mieux en poser un point
bien affirmé, en laissant un petit blanc à côté ou autour de lui dans
l'interstice, que de couvrir entièrement ce dernier d'une teinte plus
pâle de la même couleur. Le jaune et l'orangé paraîtront à peine à
l'état pâle et dans de petits espaces ; mais ils se manifesteront brillamment, posés en touches fermes, quelque petites qu'elles soient,
avec du blanc à côté »

3. Nous trouvons encore ces précieux arguments en
faveur de la technique néo-impressionniste dans une
étude sur Ruskin, publiée dans la *Revue des Deux Mondes*
(mars 1897), par M Robert de la Sizeranne, qui cite ou
résume les opinions de l'esthéticien.

Les néo-impressionnistes répudient toute couleur sombre ou terne , Ruskin dit :

« Arrière donc le gris, le noir, le brun et tout ce goudronnage des paysagistes français du milieu du siècle, qui semblent regarder la nature dans un miroir noir ! Il faut assombrir chaque teinte, non avec un mélange de couleur sombre, mais avec sa propre teinte simplement renforcée. »

Les néo-impressionnistes répudient tout mélange sur la palette , Ruskin dit :

« Il faut qu'on tienne sa palette propre afin qu'on voie clairement la teinte pure et qu'on ne soit pas enclin au mélange. »
« Pas plus de mélange sur la palette que sur la toile ; qu'on mêle deux couleurs ensemble, si l'on y tient, mais pas davantage. »

Les tableaux des néo-impressionnistes ressemblent-ils à des mosaïques ? Ruskin dit :

« Il faut considérer toute la nature purement comme une mosaïque de différentes couleurs qu'on doit imiter une à une en toute simplicité. »
« Ce sont donc des fresques qu'il faut qu'on fasse ? Oui, et, mieux encore, des mosaïques ! »

Et ceci, qui n'est pas pour faire regretter aux néo-impressionnistes d'avoi adopté une facture dans laquelle l'habileté de main n'a aucune importance :

« Seulement, dans ce système de dessin méticuleux, de lignes consciencieuses et appuyées, de couleurs mates, une à une dissociées et laborieusement posées point par point, de pignochage, net, précautionneux et probe, quel rôle jouent la largeur de la facture, la fluidité savoureuse de la touche, la virtuosité de la main, la liberté du pinceau ? Elles n'en jouent aucun, parce qu'elles n'en doivent pas jouer. Le virtuose est un pharisien qui se complaît en lui-même et non en la beauté... C'est un équilibriste qui jongle avec ses ocres, ses outremers, ses cinabres, au lieu de les apporter en tribut devant la nature sans égale et devant le ciel sans fond. Il dit : « Voyez mon adresse, voyez ma souplesse, voyez ma patte ! » Il ne dit pas : « Voyez comme Elle est belle et comme Elle passe tous nos pauvres artifices humains ! »

Ces lignes ne sont-elles pas la meilleure réponse que l'on puisse faire aux critiques qui reprochent aux néo-impressionnistes la discrète impersonnalité de leur facture ?

Puis, ces préceptes, si nettement néo-impressionnistes qu'ils semblent écrits par un des adeptes de la *division* :

« Posez les couleurs vives par petits points sur les autres ou dans leurs interstices, et poussez le principe des couleurs séparées à son raffinement le plus extrême, usant d'atomes de couleurs en juxtaposition plutôt qu'en larges espaces. Et enfin, si vous avez le temps, plutôt que de rien mélanger, copiez la nature dans ses fleurs ponctuées de couleurs diverses, les digitales par exemple et les calcéolaires. Et produisez les teintes mixtes par l'entrecroisement des touches des diverses couleurs crues dont les teintes mixtes sont formées. »

Cet emploi de petits points de couleurs pures pour former des teintes mixtes, prôné par Ruskin, se rapproche tellement de la technique des néo-impressionnistes, la communauté de principes est tellement évidente, que l'écrivain de la *Revue des Deux Mondes* ne peut s'empêcher d'écrire, en appelant *pointillisme* ce que, plus précis, il eût appelé *néo-impressionnisme* :

« Ne serait-ce pas le pointillisme qui, dès 1856, se trouve ici pro-phétisé ? C'est lui-même. »

Ne peut-on s'étonner que ce *stippling*, recommandé par l'esthéticien anglais comme le meilleur moyen d'assurer à la couleur de la splendeur et de l'harmonie, soit pré-cisément cette *touche divisée*, qui choque tant de critiques français ?

4. Nous clorons ces témoignages sur quelques extraits du livre d'un savant américain, O. N. Rood : *Théorie scientifique des couleurs*, livre écrit, dit l'auteur, « *pour les peintres et les gens du monde* », — comme si les uns et les autres allaient se mettre tels soucis en tête !

On verra que Rood, lui aussi, recommande le dégradé, le mélange optique et la *touche divisée* et s'étonne que tant de gens en ignorent les vertus.

« Parmi les caractères les plus importants de la couleur dans la nature, il faut ranger la dégradation pour ainsi dire infinie qui l'accom-pagne toujours... Si, dans un tableau, un peintre représente une feuille de papier par un espace informément blanc ou gris, le modèle sera fort mal rendu et, pour que la peinture soit exacte, l'artiste devra la couvrir de gradations délicates de clair-obscur et de cou-leur. Nous nous figurons ordinairement une feuille de papier comme un objet d'une teinte tout à fait uniforme, et cependant nous reje-tons sans hésiter, comme inexacte, toute peinture de teinte uniforme qui prétend la représenter. Là-dessus, notre éducation inconsciente est bien en avance sur notre éducation consciente. Notre mémoire des sensations est immense, tandis que notre souvenir des causes qui les produisent est presque nul et cela avec raison : si nous ne nous souvenons pas de ces causes, c'est surtout parce que nous ne les avons jamais sues. Un des devoirs du peintre est d'étudier les causes d'où proviennent les sensations très complexes qu'il éprouve.

« Tous les grands coloristes ont été profondément pénétrés d'un sentiment de ce genre, et leurs œuvres, quand on les regarde à la distance voulue, paraissent réellement trembloter, tant leurs teintes sont changeantes et semblent littéralement se modifier sous les yeux du spectateur, de sorte qu'il est souvent impossible pour celui qui les copie de dire ce qu'elles sont au juste, et de les reproduire exactement par ses mélanges de couleurs, de quelque manière qu'il les modifie.

« Parmi les paysages modernes, ceux de Turner sont fameux par leur gradations infinies et il n'est pas jusqu'aux aquarelles de ce peintre qui n'aient la même qualité

« Mais il existe un autre genre de dégradation qui a un charme tout particulier, et qui est très précieux dans les arts et dans la nature. Nous voulons parler de l'effet qui se produit lorsqu'on juxtapose des couleurs différentes en lignes continues ou pointillées et qu'ensuite on les regarde d'assez loin pour que leur fusion soit opérée pour l'œil du spectateur. Dans ce cas, les teintes se mélangent sur la rétine et produisent des couleurs nouvelles Ceci communique à la surface un éclat d'une douceur particulière et lui donne un certain air de transparence, comme si notre vue pouvait la pénétrer. A la distance convenable, les couleurs adjacentes se fondent ensemble, et ce qui, de près, ne semblait qu'une masse de barbouillages confus, devient de loin un tableau régulier Dans les peintures à l'huile, le peintre tire habilement parti du mélange des couleurs qui se fait sur la rétine du spectateur : ce mélange leur prête un charme magique, parce que les teintes semblent plus pures et plus variées, et, comme l'apparence du tableau change un peu suivant que le spectateur s'en approche ou s'en éloigne, il semble en quelque sorte devenir vivant et animé.

« Les tableaux à l'huile dans lesquels le peintre n'a pas profité de
ce principe subissent un désavantage évident : à mesure que le spectateur recule, les couleurs adjacentes se fondent ensemble, que l'artiste l'ait voulu ou non, et si celui-ci ne l'a pas prévu, un effet nouveau
et tout à fait inférieur ne manque pas de se produire

« Dans l'aquarelle, la même manière de peindre est constamment
employée sous forme d'un pointillage plus ou moins marqué, grâce
auquel le peintre peut obtenir certains effets de transparence et de
richesse, auxquels sans cela il lui serait impossible d'arriver. Si le
pointillage est régulier et très évident, il donne quelquefois à la peinture un air mécanique qui n'est pas tout à fait agréable, mais, quand
on l'emploie d'une manière convenable, c'est un moyen précieux et
qui se prête bien à l'expression de la forme.

« Dans les châles de cachemir, le même principe est développé et
poussé fort loin, et c'est à cela que ces étoffes doivent une grande
partie de leur beauté. »

Ainsi, un peintre comme Delacroix, un esthéticien
comme Ruskin, un savant comme Rood ont prévu ou
indiqué les différents procédés qui constituent l'apport
novateur des néo-impressionnistes et semblent même recom-
mander spécialement la partie de leur technique qui est
la plus attaquée aujourd'hui, celle que l'on trouve si
fâcheuse   l'emploi de touches d'éléments purs

VIII

L'ÉDUCATION DE L'ŒIL

Un progres par génération. — Les peintres conspués sont les éducateurs. — Obstacles que rencontrent les coloristes. — Faute d'éducation, le public est insensible à l'harmonie et a peur de toute belle couleur. — C'est l'éclat et non la facture des néo-impressionnistes qui choque.

1. Pourquoi donc la *division*, qui peut se prévaloir d'avantages que n'assurent pas les autres techniques, a-t-elle rencontré tant d'hostilité ? C'est qu'en France on est rebelle à toute nouveauté d'art et, non seulement insensible, mais hostile à la couleur. (Songeons que notre guide national, le *Joanne*, au lieu de renseigner simplement, éprouve le besoin d'exciter le touriste au rire et à l'incompréhension devant les admirables colorations des Turner du South Kensington Museum.)

Or, on avait contre l'art néo-impressionniste ce double grief : il constituait une innovation, et les tableaux exécutés selon sa technique brillaient d'un éclat inaccoutumé.

Il est inutile qu'on dresse ici la liste de tous les peintres novateurs qui ont été conspués en ce siècle et qui ont ensuite imposé leur vision particulière. Ces injustices, cette lutte, ces triomphes, c'est l'histoire de l'art.

On conteste d'abord toute manifestation nouvelle ; puis, lentement, on s'habitue, on admet. Cette facture qui choquait, on en perçoit la raison d'être, cette couleur qui provoquait des clameurs semble puissante et harmonieuse. L'inconsciente éducation du public et de la critique s'est faite, au point qu'ils se mettent à voir les choses de la réalité telles que s'est plu à les figurer le novateur : sa formule, hier honnie, devient leur critérium. Et, en son nom, l'effort original qui se manifestera ensuite sera bafoué, jusqu'au jour où il triomphera, lui aussi. Chaque génération s'étonne après coup de son erreur, et récidive.

Vers 1850, on écrivait ceci au sujet des tableaux de Corot — car, oui, le doux Corot froissait le goût du public ·

« Comment M. Corot peut-il voir la nature telle qu'il nous la représente ?... C'est en vain que M. Corot voudrait nous imposer sa façon de peindre les arbres, ce ne sont pas des arbres, c'est de la fumée Pour notre part, dans nos promenades, il ne nous a jamais été donné de voir des arbres ressemblant à ceux de M. Corot »

Et vint-cinq ans plus tard, lorsque Corot a triomphé, on l'invoque pour nier Claude Monet :

« Monet voit tout en bleu ! Terrains bleus, herbe bleue, arbres

bleus. Beaux arbres de Corot, pleins de mystère et de poésie, voilà
ce qu'on a fait de vous ! On vous a trempés dans le baquet de bleu
d'une blanchisseuse ! »

Une même génération ne fait pas deux fois l'effort
nécessaire pour s'assimiler une façon de voir nouvelle.
Les détracteurs de Delacroix ont dû céder à ses partisans.
Mais ces derniers n'ont pas compris les coloristes qui
lui succédaient, les impressionnistes. Ceux-ci à leur tour
ont triomphé, et aujourd'hui les amateurs des Monet,
des Pissarro, des Renoir, des Guillaumin abusent de la
réputation de bon goût que ce choix leur a acquise pour
réprouver le néo-impressionnisme.

Il faut plus qu'un quart de siècle pour qu'une évolution d'art soit admise Delacroix lutte de 1830 à 1863 ;
Jongkind et les impressionnistes, de 1860 à 1890. Vers
1886, apparaît le néo-impressionnisme, développement
normal des recherches précédentes et qui, d'après cette
tradition, a donc droit encore a quelques années de luttes
et de travail avant que soit agréé son apport.

Parfois même l'interêt financier se coalisera avec l'ignorance pour entraver un mouvement novateur et gênant.
Gustave Geffroy l'a bien dit .

« Les producteurs dont la raison sociale est cotée, et tous ceux qui
vivent de cette production consacrée par le succès, forment une asso-
ciation, avouée ou tacite, contre l'art de demain. »

2. C'est surtout lorsqu'elle tend vers la lumière ou

vers la couleur qu'une innovation se heurte à des mauvaises volontés. Les changements de thème de la peinture, corrélatifs aux variations de la mode littéraire, sont facilement admis par ces mêmes gens qu'effarouche le moindre éclat nouveau. Les déformations des Rose-Croix n'ont certes pas provoqué l'hilarité autant que les locomotives bleues de M. Monet ou les arbres violets de M. Cross. Rarement un dessin, une statue excitent la colère d'un public incompréhensif : une audace de couleurs, toujours.

Toute couleur pure et franche choque ; on n'aime que la peinture plate, lisse, assourdie et terne. Que, sous prétexte d'ombre, la moitié d'une figure soit couverte de bitume ou de brun, le public l'admet volontiers, mais non de bleu ou de violet. Pourtant les ombres participent toujours de ce bleu ou de ce violet qui lui répugnent, et non des teintes excrémentielles qui ont son agrément. La physique optique, elle aussi, le dirait.

Il y a en effet une science de la couleur, facile et simple, que chacun devrait apprendre et dont la connaissance éviterait tant de sots jugements. Elle peut se résumer en dix lignes qu'on devrait enseigner aux enfants de l'école primaire, à la première heure de la première leçon du cours le plus élémentaire de dessin.

Charles Blanc déplore cette ignorance du public — et toujours au sujet de Delacroix :

« Bien des gens supposent que le coloris est un pur don du ciel et

qu'il a des arcanes incommunicables C'est une erreur : le coloris
s'apprend comme la musique. De temps immémorial, les Orientaux
en ont connu les lois, et ces lois se sont transmises de génération
en génération depuis les commencements de l'histoire jusqu'à nous —
De même que l'on fait des musiciens, au moins corrects et habiles,
en enseignant le contre-point, de même on peut former des peintres
à ne pas commettre des fautes contre l'harmonie, en leur enseignant
les phénomènes de la perception simultanée des couleurs.

« Les éléments du coloris n'ont pas été analysés et enseignés dans
nos écoles, parce qu'on regarde en France comme inutile d'étudier
les lois de la couleur, d'après ce faux adage qui court les bancs :
« On devient dessinateur , on naît coloriste. »

« .. Les secrets du coloris ! Pourquoi faut-il appeler secrets, des
principes que tous les artistes devraient savoir et qu'on aurait dû
enseigner à tous ! »

Les Artistes de mon temps : Eugène Delacroix.

Ces lois de la couleur peuvent en quelques heures
s'apprendre. Elles sont contenues dans deux pages de
Chevreul et de Rood. L'œil guidé par elles n'aurait plus
qu'a se perfectionner Mais, depuis Charles Blanc, la
situation n'a guère changé. On n'a rien fait pour propager
cette education spéciale. Les disques de Chevreul, dont
l'usage amusant pourrait prouver à tant d'yeux qu'ils ne
voient pas et leur apprendre à voir, ne sont pas encore
adoptés pour les écoles primaires, malgré tant d'efforts
dans ce sens qu'a faits le grand savant.

C'est cette simple science du contraste qui forme la
base solide du néo-impressionnisme. Hors d'elle, pas
de très belles lignes, ni de parfaites couleurs. Si nous
constatons chaque jour les services qu'elle peut rendre

à l'artiste, en dirigeant et fortifiant son inspiration, nous cherchons encore le dommage qu'elle lui peut causer.

Dans la préface de son livre, Rood en montre toute l'importance :

« Nous nous sommes efforcé aussi de présenter d'une manière simple et intelligible les faits essentiels dont dépend nécessairement l'emploi artistique des couleurs — La connaissance de ces faits ne pourra pas, bien entendu, transformer le premier venu en artiste ; mais elle pourra jusqu'à un certain point empêcher des gens du monde, des critiques, et même des peintres de parler ou d'écrire sur la couleur d'une manière vague, inexacte et quelquefois irrationnelle. Nous irons plus loin encore, et nous dirons que la connaissance réelle des faits élémentaires sert souvent à signaler aux débutants l'existence de difficultés qui sont presque insurmontables, ou peut-être encore, lorsqu'ils sont embarrassés, à leur révéler la nature probable de l'obstacle qui les arrête ; en un mot une certaine introduction élémentaire épargne aux travailleurs des efforts inutiles. »

Il ne s'agit pas, en effet, pour être coloriste, de poser des rouges, des verts, des jaunes, à côté les uns des autres, sans règle ni mesure Il faut savoir ordonner ces divers éléments, sacrifier les uns pour faire valoir les autres. Bruit et musique ne sont pas synonymes. La juxtaposition de couleurs, si intenses qu'elles soient, sans observation du contraste, c'est du coloriage et non du coloris

3. Un des grands blâmes adressés aux néo-impressionnistes, c'est qu'ils sont trop savants pour des artistes :

empêtrés dans leurs recherches, ils ne peuvent exprimer librement leurs sensations, dit-on.

Répondons que le moindre tisserand oriental en sait autant qu'eux. Ces notions qu'on leur reproche ne sont guère compliquées. Les néo-impressionnistes ne sont pas trop savants. Mais ne pas connaître les lois du contraste et de l'harmonie, c'est être trop ignorant.

Pourquoi donc la possession de ces règles de beauté annulerait-elle leurs sensations ? Un musicien, parce qu'il sait que le rapport 3/2 est un rapport d'harmonie, et un peintre, parce qu'il n'ignore pas que l'orangé forme avec le vert et le violet une combinaison ternaire, en sont-ils moins des artistes susceptibles d'être émus et capables de nous émouvoir ? Théophile Silvestre l'a dit : « Ce savoir presque mathématique, au lieu de refroidir les œuvres, en augmente la justesse et la solidité. »

Les néo-impressionnistes ne sont pas esclaves de la science. Ils la manient au gré de leur inspiration : ils mettent ce qu'ils savent au service de ce qu'ils veulent. Peut-on reprocher a de jeunes peintres de ne pas avoir négligé cette partie essentielle de leur art ? quand on voit qu'un génie comme Delacroix a dû s'astreindre à cette étude des lois de la couleur et y a pu trouver profit, ainsi que le reconnaît Charles Blanc en cette note ·

« C'est pour avoir connu ces lois, pour les avoir étudiées à fond, après les avoir par intuition devinées, qu'Eugène Delacroix a été un des plus grands coloristes des temps modernes. »

4. Le public se soucie beaucoup plus du sujet d'un tableau que de son harmonie. Comme le constate Ernest Chesneau :

« Les mieux doués, parmi ceux qui forment le public des expositions, ne paraissent pas soupçonner qu'il est nécessaire de cultiver ses sens pour atteindre à la pleine jouissance des plaisirs intellectuels dont les sens ne sont que des organes sans doute, mais les organes essentiels. On ne se doute pas assez qu'il faut avoir le regard juste pour comprendre et juger — je veux dire goûter — la peinture, la statuaire ou l'architecture, autant que l'oreille juste pour goûter la musique. — Suivant jusqu'au bout la comparaison, qui est rigoureuse, ajoutons que le regard comme l'oreille, même naturellement justes, ont besoin d'une éducation progressive pour pénétrer dans toutes leurs délicatesses l'art des sons et l'art des couleurs. »

« La Chapelle des Saints-Anges à Saint-Sulpice »
(*L'Art* — Tome xxviii.)

Même, la plupart des peintres sont insensibles au charme de la ligne et de la couleur. Ils sont rares, les artistes qui pensent, avec Ruskin : « La dégradation est aux couleurs ce que la courbure est aux lignes », et, avec Delacroix : « Il y a des lignes qui sont des monstres, deux parallèles ». Les peintres de notre temps ont d'autres préoccupations que ces principes de beauté. Nous pouvons affirmer qu'il n'en est pas un sur cent qui se soit donné la peine d'étudier cette partie primordiale de son art. Gavarni déclare, à propos des tableaux du maître :

« C'est du barbouillage de paravent.. Ça tient du torche-cul et du papier de tenture ; puis là-dessus des gens qui viennent parler au

bourgeois du supernaturalisme de ça ! .. Nous sommes vraiment dans
le Bas-Empire du verbe, dans le pataugement de la couleur. »

Et les Goncourt écrivent *(la Peinture à l'Exposition
de 1855)* :

« Delacroix à qui a été refusée la qualité suprême des coloristes,
l'harmonie. »

La plupart des critiques, en effet, ne peuvent guère,
faute d'éducation technique, se rendre compte de l'accord de deux teintes ou du désaccord de deux lignes. Ils
jugent plutôt par le sujet, la tendance, le genre, sans se
préoccuper du côté « peintre ». Ils font de la littérature
à propos de tableaux, non de la critique d'art. — Citons
cette note de Delacroix « *Oculos habent et non vident,*
veut dire : *De la rareté des bons juges en peinture.* » Lui
qui disait : « Voici plus de trente ans que je suis livré
aux bêtes », il avait assez souffert de l'ignorance du
public et de la critique pour se rendre bien compte des
difficultés que rencontrent les coloristes. Dans son *Journal,*
il écrit :

« Je sais bien que cette qualité de coloriste est plus fâcheuse que
recommandable Il faut des organes plus actifs et une sensibilité
plus grande pour distinguer la faute, la discordance, le faux rapport
des lignes et des couleurs. »

Et, sur le même sujet, il écrit à Baudelaire (8 octobre
1861) :

Ces effets mystérieux de la ligne et de la couleur que ne sentent, hélas, que peu d'adeptes... Cette partie musicale et arabesque... n'est rien pour bien des gens, qui regardent un tableau comme les Anglais regardent une contrée quand ils voyagent. »

Cette haine ou cette indifférence pour la couleur, dont Delacroix vivant a tant souffert, n'en supporte-t-il pas encore les conséquences ? Il nous semble qu'on est bien insoucieux de ses œuvres. Qu'on se rappelle ce public si froid devant son exposition à l'École des Beaux-Arts, et qui se ruait, enthousiaste, à celle de Bastien-Lepage, ouverte en même temps, à côté, à l'hôtel de Chimay. Et jamais, dans les longues stations que nous avons faites, à Saint-Sulpice, devant les décorations de la Chapelle des Saints-Anges, nous n'avons été troublé par un visiteur.

Eugène Véron, le biographe de Delacroix, a bien noté cette persistante injustice :

« Faut-il en conclure que les multitudes qui se pressent à ces expositions soient enfin arrivées à comprendre son génie ? On n'a pour s'en assurer qu'à comparer la réserve des visiteurs et leur silence embarrassé, en face des toiles de Delacroix, aux cris d'oiseaux que poussent les femmes quand, au Salon ou aux expositions des cercles, elles se trouvent en face de quelque toile des soi-disant maîtres actuels de l'École française. Voilà de l'admiration franche et sincère. A-t-on jamais rien vu de pareil aux expositions de Delacroix ? Cela n'a rien d'extraordinaire : c'est le contraire qui serait extraordinaire. »

5. Devant la peinture de Delacroix, ce qui exaspérait tant de gens, c'était moins la fureur de son romantisme

que ses hachures et sa couleur intense , devant la peinture
des impressionnistes, c'était la nouveauté de leurs virgules
et de leurs colorations. Et, dans l'apport des néo-impressionnistes, ce qui a dérouté, c'est — plus encore que la
division de la touche — l'éclat insolite de leurs toiles. A
l'appui de cette proposition, citons un cas topique. Les
tableaux de M. Henri Martin, dont la facture est absolument
empruntée au néo-impressionnisme, trouvent grâce devant
le public, la critique, les commissions municipales et
l'Etat Chez lui le *point* ne choque pas, et pourtant il est
inutile — donc gênant —, puisque, de couleur grise, terne
et rabattue, il ne procure pas de bénéfices de luminosité
ou de coloration de nature a faire passer sur les inconvé-
nients possibles du procédé Représenté par lui, le *pointillisme* est admis au Luxembourg, à l'Hôtel de Ville, tandis
que le grand Seurat, instaurateur de la *division* et créateur
de tant d'œuvres calmes et grandes, est encore méconnu
(en France du moins, car l'Allemagne, mieux avertie, a
su acquérir les *Poseuses* et d'autres toiles importantes que
nous verrons quelque jour au musée de Berlin).

Peut-être, les années aidant, le public complétera-t-il
son éducation : espérons en des temps où il sera plus
sensible à l'harmonie, où il ne redoutera plus la puissance d'une couleur, ou il en goûtera calmement la beauté,
et constatera que les plus vives colorations d'un peintre
sont timides au prix des colorations dont se pare la nature.

Du moins un grand progrès a-t-il été fait grâce aux maîtres impressionnistes Tels spectateurs qui s'étonnaient ou protestaient autrefois devant des tableaux impressionnistes reconnaissent maintenant que les Monet, les Pissarro se mêlent en parfaite harmonie aux Delacroix, aux Corot, aux Rousseau, aux Jongkind, dont ils sont le développement.

De même, le public reconnaîtra peut-être un jour que les néo-impressionnistes auront été les représentants actuels de la tradition coloriste, dont Delacroix et les impressionnistes furent en leur temps les champions. Quels peintres peuvent, à plus juste titre, se réclamer de ces deux patronages ? Ni ceux qui peignent noir, blanc ou gris, ni ceux dont le coloris rappelle « le tas de vieux légumes pourris », signalé par Ruskin comme le suprême degré de laideur que puisse atteindre la couleur, ni ceux qui peignent à teintes plates. Car ces procédés sont sans relations avec les principes des maîtres que les néo-impressionnistes revendiquent.

Il est peut-être facile de peindre plus lumineux que les néo-impressionnistes, mais en décolorant ; ou plus coloré mais en assombrissant. Leur couleur est située au milieu du rayon qui, sur un cercle chromatique, va du centre — blanc — à la circonférence — noir. Et cette place lui assure un maximum de saturation, de puissance et de beauté. Un temps viendra, où l'on trouvera soit à tirer un meilleur parti des couleurs dont le peintre dispose

actuellement, soit à employer de plus belles matières ou
de nouveaux procédés — comme, par exemple, la fixa-
tion directe des rayons lumineux sur des subjectiles sen-
sibilisés ; mais, il faut le constater, ce sont les néo-
impressionnistes qui ont su tirer des ressources actuelles
le résultat à la fois le plus lumineux et le plus coloré :
a côté d'une de leurs toiles et malgré les critiques qu'elle
peut d'ailleurs encourir, tout tableau, si grandes que
soient ses qualités d'art, paraîtra sombre ou décoloré.

Bien entendu, nous ne faisons par dépendre le talent
d'un peintre du plus ou moins de luminosité et de coloration de ses tableaux ; nous savons qu'avec du blanc et
du noir on peut faire des chefs-d'œuvre et qu'on peut
peindre coloré et lumineux sans mérite. Mais si cette
recherche de la couleur et de la lumière n'est pas l'art
tout entier, n'en est-elle pas une des parties importantes ? N'est-il pas un artiste, celui qui s'efforce de
créer l'unité dans la variété par les rythmes des teintes
et des tons et qui met sa science au service de ses sensations ?

6. Se rappelant la phrase de Delacroix : « La peinture
lâche est la peinture d'un lâche », les néo-impressionnistes pourront être fiers de leur peinture austère et
simple. Et si, mieux que la technique, c'est la passion
qui fait les artistes, ils peuvent être confiants : ils ont

la passion féconde de la lumière, de la couleur et de l'harmonie.

En tout cas, ils n'auront pas refait ce qui avait été fait
déjà ; ils auront eu le périlleux honneur de produire un
mode nouveau, d'exprimer un idéal personnel.

Ils pourront évoluer, mais toujours sur les bases de la
pureté et du contraste dont ils ont trop bien compris
l'importance et le charme pour y jamais renoncer. Peu
a peu débarrassée des entraves du début, la *division*, qui
leur a permis d'exprimer leurs rêves de couleur, s'assou-
plit et se développe, promettant encore de plus fécondes
ressources

` Et si parmi eux ne se manifeste pas déjà l'artiste qui,
par son génie, saura imposer cette technique, ils auront
du moins servi à lui simplifier la tâche. Ce coloriste
triomphateur n'a plus qu'à paraître : on lui a préparé sa
palette.

1899. Paris, Saint-Tropez.